Königs Erläuterungen und Materialien
Band 389

W0074367

Erläuterungen zu

Francis Scott Fitzgerald

Der große Gatsby

(The Great Gatsby)

von Frauke Frausing Vosshage

Bange Verlag

Über den Autor dieser Erläuterung:

Frauke Frausing Vosshage, geboren 1941, studierte in Kiel und Paris Romanistik, Anglistik und Psychologie. Dissertation über die Rezeption des amerikanischen Dramas in Frankreich mit besonderer Berücksichtigung von Tennessee Williams' *A Streetcar named Desire*. Weitere unterrichtsbezogene Veröffentlichungen zur amerikanischen, englischen und französischen Literatur.

Sie unterrichtet seit über 30 Jahren Englisch und Französisch an einem Lübecker Gymnasium und engagiert sich schon ebenso lange für die interkulturelle Zusammenarbeit und internationale Begegnungen von Jugendlichen und Erwachsenen. Der besondere Einsatz der Mutter von zwei Töchtern gilt schulisch und privat der Unterstützung des Kinderhilfswerkes für Straßenkinder *Amanecer* in Cochabamba, Bolivien.

Das Werk und seine Teile sind urheberrechtlich geschützt. Jede Verwertung in anderen als den gesetzlich zugelassenen Fällen bedarf der vorherigen schriftlichen Einwilligung des Verlages. Hinweis zu § 52 a UrhG: Weder das Werk noch seine Teile dürfen ohne eine solche Einwilligung eingescannt oder gespeichert und in ein Netzwerk eingestellt werden. Dies gilt auch für Intranets von Schulen und sonstigen Bildungseinrichtungen.

4. Auflage 2010
ISBN 978-3-8044-1792-2
© 2003 by C. Bange Verlag, 96142 Hollfeld
Alle Rechte vorbehalten!
Titelabbildung: Filmszene aus „The Great Gatsby" von 1974 (Regie: Jack Clayton) mit Robert Redford als Gatsby und Mia Farrow als Daisy.
Druck und Weiterverarbeitung: Tiskárna Akcent, Vimperk

Vorwort

Der Roman *Der große Gatsby* erschien, als das 20. Jahrhundert noch jung war und gerade den ersten großen Krieg überstanden hatte. Der Erzähler blickt fasziniert auf die kurze Zeit jugendlicher Ausgelassenheit und Verschwendung zurück und auf Jay Gatsby, den von Geheimnissen umwitterten „Selfmademan", der seinen Traum nicht verwirklichte und doch an seinem Ideal, seiner Liebe zu Daisy, bis zu seinem frühen gewaltsamen Tod festhielt. Das Porträt dieser verwöhnten, oberflächlichen Gesellschaft, ihrer Illusionen und Täuschungen erscheint uns heute aktueller denn je.

F. Scott Fitzgerald gelang mit 28 Jahren sein Meisterwerk, das heute für die Zwischenkriegsepoche der „wilden zwanziger Jahre" steht und auch das Leben des Autors spiegelt. Er und seine Frau Zelda waren Stars jener Zeit, und beider Leben und schicksalhafte Beziehung haben weit über ihren Tod hinaus Menschen interessiert und beschäftigt.

Der Roman ist schmal an Umfang, aber vielschichtig und tief. Er gewinnt, je mehr er erforscht wird. Das liegt an der „magischen" Sprache, an der Erzählsituation und natürlich an der Faszination des Jay Gatsby, der nicht zuletzt durch den Film mit Robert Redford zum Inbegriff eleganter „Coolness" und echter Emotion geworden ist.

Der Roman deutet auch auf den verlorenen „amerikanischen Traum" hin, der Jahrhunderte hindurch Millionen Einwanderer und Siedler mit Hoffnung und Visionen erfüllte. Die Orientierungslosigkeit und Leere der Moderne diagnostiziert Fitzgerald melancholisch und zeigt in Gatsby einen Menschen, dessen Anstrengungen einem falschen Ideal galten.

Die vorliegende Darstellung führt in das Leben und Werk Fitzgeralds ein und entwickelt eine ausführliche Analyse des

Romans *Der große Gatsby* nach dem Raster der ‚Königs Erläuterungen'. Wer Fitzgeralds Werk besser verstehen möchte, findet hier übersichtliche Informationen und Deutungsansätze. Besonders geeignet ist diese kompakte Interpretationshilfe für Schule und Studium. Drei englischsprachige Arbeitsteile bieten Anregungen für die detaillierte Analyse und die weitergehende Interpretation des Romans: Wortfelder zum Sprechen und Schreiben über den Roman, Fragen und Aufgaben zum Text und kurze thematisch weiterführende Auszüge.

Die Lektüre des englischsprachigen Originals ist sehr zu empfehlen. Die Reclam-Ausgabe (UB Nr. 9242) ist reich mit Vokabelerklärungen und Texterläuterungen versehen, die der Lektüre zugute kommen. Die deutsche Taschenbuch-Ausgabe im Diogenes Verlag ist gut lesbar und kann neben dem Original sinnvoll benutzt werden. Die Übersetzung der Textstellen aus der Lektüre und aus der Sekundärliteratur in der vorliegenden Erläuterung nahm die Verfasserin selbst vor.

1. F. Scott Fitzgerald: Leben und Werk

1.1 Biografie

Jahr	Ort	Ereignis	Alter
1896	St. Paul, Minn.	Am 24. September Geburt von Francis Scott Key Fitzgerald, (nach dem Tod von zwei kleinen Mädchen) einzigem Sohn von Edward Fitzgerald und seiner Frau Mollie. geb. McQuillan. Beide sind irischer Abstammung. Die Familie lebt vor allem in Buffalo. Als der Vater dort seine Stellung bei Proctor & Gamble 1908 verliert, kehrt die Familie nach St. Paul zurück.	
	Buffalo		
	St. Paul		
1908–10	St. Paul	Besuch der St. Paul Academy.	12–14
1911–13	Hackensack, N. J.	Besuch der Newman School, einer katholischen Privatschule.	15–17
1913–16	Princeton, N. J.	Studium ohne konkretes Berufsziel, Teilnahme an akademischen Clubs, Ehrgeiz und Dandytum. Freundschaft u. a. mit Edmund Wilson und John Peale Bishop. Seine Affäre mit Ginevra King, einem „golden	17–20

Jahr	Ort	Ereignis	Alter
		girl" aus der Chicagoer High Society, endet, als F. im zweiten Studienjahr an einer Prüfung scheitert und Princeton verlässt. Er kehrt im Herbst 1916 zurück, verlässt Princeton aber ohne Abschluss.	
1917–18	Montgomery, Al.	F. durchläuft die Offiziersausbildung u. a. in Fort Sheridan, Al. Im Juli Begegnung mit Zelda Sayre, Tochter eines hohen Richters in Montgomery. Gegenseitige Faszination. Scribner's Ablehnung des Manuskripts von *This Side of Paradise* (noch unter dem Titel *The Romantic Egotist)* im Au-	21–22
	New York	gust. Im Oktober auf Long Island Einberufung für den Ein-	
	Montgomery	satz in Europa. Wegen des Waffenstillstands Entlassung und Rückkehr nach Montgomery. Spannungen in der Beziehung.[1]	
1919	New York	F. arbeitet journalistisch und literarisch. Verlobung mit Z. im Frühjahr 1919, dann schwere Konflikte und Bruch.	22/23

1 Dennoch nennt Fitzgerald 1918 „das wichtigste Jahr" seines Lebens. „Entscheidend für meine Gefühle und mein Lebenswerk. Unglücklich und überschwänglich, aber ein großer Erfolg." Nancy Milford, *Zelda*, München: dtv, 1980, S. 35.

Jahr	Ort	Ereignis	Alter
		Harold Ober wird sein Literaturagent, neben dem Lektor bei Scribner's, Maxwell Perkins, wichtigster Vertrauter des Autors. Scribner's nimmt den überarbeiteten Roman unter Vertrag. Versöhnung mit Z., Heiratspläne.	
1920	New York	Zelda Sayre und Scott Fitzgerald heiraten am 3. April. *This Side of Paradise,* im März erschienen, ist ein großer Erfolg. Im September erscheint die Kurzgeschichtensammlung *Flappers and Philosophers.* Das gemeinsame extravagante Leben bringt Probleme für F.s Arbeit und Gesundheit.	23/24
	Westport, Conn.		
1921	Europa St. Paul	Aufenthalte von Mai bis Juli in England, Frankreich, Italien, zunächst enttäuschend. Rückkehr nach Montgomery, dann nach St. Paul, wo am 26. Oktober ihr erstes und einziges Kind, das Mädchen Frances Scott (Scottie), geboren wird.[2]	24/25
1922	Great Neck[3]	Umzug nach Long Island. Der zweite, weniger erfolgreiche	25/26

---

[2] F. nennt 1921 ein „schlechtes Jahr, da er nicht gearbeitet habe." Milford, S. 78.
[3] Schauplatz des *Great Gatsby*.

Jahr	Ort	Ereignis	Alter
		Roman, *The Beautiful and Damned*, und die zweite Kurzgeschichtensammlung, *Tales of the Jazz Age*, erscheinen.[4]	
1923	Great Neck	Belastung durch Schulden und Erfolgsdruck.[5] F. beginnt seinen dritten Roman ***The Great Gatsby***. Misserfolg der Revue *The Vegetable* in Atlantic City. Im April Abreise nach Paris, Begegnung mit Gerald und Sara Murphy, dann erstmals an die Côte d'Azur.	26/27
	Paris		
	St. Raphael		
1924	St. Raphael	Arbeit am ***Great Gatsby***. Z.s Liebesaffäre mit dem Piloten Edouard Jozan, schwere Ehekrise.[6] Abschluss des Manuskriptes und Übersendung an den Verlag Scribner's im Oktober.	27/28
1925	Rom	Arbeit an Druckfahnen. Z. ist krank, F. trinkt. Im April Erscheinen des ***Great Gatsby*** in New York. F. trifft Hemingway in Paris,[7] gegenseitige Be-	28/29
	Capri		
	Paris		

---

4 Das Jahr war „bequem, aber gefährlich und zerrüttend". Milford, S. 86.

5 F. nennt dieses „das schlimmste Jahr, seit ich 19 war, voller schrecklicher Misserfolge und quälender Probleme." Sie hatten 36.000 Dollar eingenommen, alles ausgegeben und 5.000 Dollar Schulden. Milford, S 92.

6 Fitzgerald bezeichnet später diese Affäre als Beginn ihrer Beziehungskatastrophe.

7 Hemingway beschreibt diese Begegnung in seinen Paris-Erinnerungen *A Moveable Feast*. (siehe Kapitel 5, Materialien, S. 101 dieser Erläuterung).

Jahr	Ort	Ereignis	Alter
	Antibes	wunderung. Z. lehnt Hemingway ab. Sommer an der Riviera.[8]	
1926	Paris Riviera New York	Erste Verfilmung und Theaterversion des *Great Gatsby* am Broadway. Kuraufenthalt für Z. in Salies-de-Béarn/Pyrenäen, dann an der Riviera. Im Dezember Rückkehr in die USA.	29/30
1927	Los Angeles Wilmington, Del.	Drehbuch-Vertrag mit United Artists. Finanzielle Probleme, Unlust und Erschöpfung. F.s Affäre mit der Schauspielerin Lois Moran. Ab März wieder gemeinsames Leben mit Z. in einer Villa am Delaware („Ellerslie"). Beide schreiben, Z. nimmt Ballettunterricht. Ruhelosigkeit.	30/31
1928	Paris	Scottie geht in Paris zur Schule, F. nimmt Boxunterricht, Z. trainiert bei Madame Egorowa für eine Ballettkarriere. Z. wird auch literarisch ermutigt, was F. zu verhindern sucht. Seine Arbeit am vierten Roman stockt.[9]	31/32
	USA		

8   F. bezeichnet das Jahr als „nutzlos, beschämend, unergiebig bis auf 30.000 Dollar für vorjährige Arbeit. Abscheu vor mir selbst. Gesundheit dahin." Milford, S. 105.

9   „Alkohol und allgemeines Unbehagen. Allgemeine Ziellosigkeit und Langeweile. – Verhängnisvoll. In keinerlei Hinsicht ein echter Fortschritt, habe es mir mit Dutzenden von Leuten verdorben." Milford, S. 124.

Jahr	Ort	Ereignis	Alter
1929	Frankreich	Im März Überfahrt nach Italien. Die Familie verbringt den Sommer in Cannes, ab Herbst wieder in Paris.	32/33
1930	Algerien Schweiz	Im April hat Z. einen Nervenzusammenbruch. Sie geht in die Nervenklinik Prangins am Genfer See, F. in Lausanne, Genf.	33/34
1931	Montgomery, Los Angeles, Hollywood	Rückkehr nach Montgomery. Tod von F.s Vater. F. schreibt ein Drehbuch für Irving Thalberg (Metro-Goldwyn-Mayer).[10] Z. beschreibt ihre Ehe in *A couple of nuts (Ein verrücktes Paar)*.	34/35
1932	Baltimore, Ml.	Z.s Rückfall, erneuter Klinikaufenthalt. Veröffentlichung ihres Romans *Save me the Waltz (Darf ich um den Walzer bitten)*. F. lebt in Baltimore in ihrer Nähe. Im Frühjahr erste Fassung seines Psychiater-Patienten-Romans *The Drunkard's Holiday*, wie Z.s Roman Spiegel ihres Lebens.	35/36
1933	Baltimore	Erneute Ehekrisen wegen Schreib-Rivalität. F. fordert alleiniges Nutzungsvorrecht	36/37

---

10 F. hat trotz der Weltwirtschaftskrise immer noch sehr gut verdient (37.600 Dollar), aber das Schuldenproblem bleibt.

Jahr	Ort	Ereignis	Alter
		am gemeinsamen Leben für sein Werk.	
1934	Baltimore	*Tender is the Night (Zärtlich ist die Nacht)* erscheint in ‚Scribner's Magazine', dann als Buch. Z.s erneuter Klinikaufenthalt. F. betreut ihre Bilder und ihr Schreiben. In *The*	37/38
1935		*crack-up (Der Zusammenbruch)* Bilanz seines eigenen Kollapses.	38/39
1936	Asheville, N.C.	Z. geht in eine „offene" Klinik. Tod von F.s Mutter.	39/40
1937	Hollywood	F. hält sich mit Drehbüchern „über Wasser". Beziehung zu der englischen Film-Journalistin Sheila Graham.	40/41
1938	Hollywood	Scottie wird am Vassar College angenommen.[11] F. ist immer erfolg- und hoffnungsloser, arbeitet nicht mehr für MGM.	41/42
1939	Hollywood	Beginn der Arbeit an seinem letzten Roman; Entziehungskuren, Schulden. Mit Z. besucht er Kuba, für beide ein Misserfolg.	42/43
1940	Montgomery	Z. verlässt die Klinik und lebt bei ihrer Familie in Montgo-	43/44

---

11 Vassar College ist eine private Elite-Universität in Poughkeepsie, N.Y., die traditionell nur Studentinnen aufnahm, neuerdings auch Studenten.

Jahr	Ort	Ereignis	Alter
		mery. Die erste der 17 *Pat-Hobby-Stories* erscheint.	
1940	Hollywood	Frances Scott Fitzgerald stirbt am 21. Dezember an einem Herzanfall in der Wohnung von Sheila Graham.	44
	Rockville, Ml.	Wenige Freunde begleiten ihn zur letzten Ruhe (27. Dezember). Verweigerung eines katholischen Begräbnisses durch die Kirche.	
1941	New York	Das Romanfragment *The Last Tycoon (Der letzte Tycoon)* erscheint posthum, herausgegeben von Edmund Wilson.	
1943		Scottie heiratet Samuel Jackson Lanahan. Sie haben zwei Kinder.	
1948	Asheville, N.C.	Z. geht für eine Insulinbehandlung in die Klinik in Asheville. Sie stirbt dort am 10. März bei einem Brand. Z. wurde 48 Jahre alt. Sie wird am 17. März neben ihrem Mann beigesetzt.	
1975	Rockville, Ml.	Auf Betreiben der Tochter werden Scott und Zelda Fitzgerald auf den St. Mary's Church Cementery umgebettet, der Ruhestätte seiner ko-	

Jahr	Ort	Ereignis	Alter
		lonialen Vorfahren. Ihr gemeinsamer Grabstein trägt den letzten Satz des *Great Gatsby*.[12]	

---

[12] "So we beat on, boats against the current, borne back ceaselessly into the past." S. 233, Z. 26 f.

1.2 Zeitgeschichtlicher Hintergrund

Fitzgerald gehörte zu der Generation amerikanischer Autoren, die in der Umbruchzeit der ehrgeizig expandierenden Industriegesellschaft im Norden und der endgültig zerfallenden Traditionsgesellschaft in den Südstaaten geboren wurden. Wie die Pionierzeit, so war nun auch das Versprechen des offenen Kontinents und der grenzenlosen Möglichkeiten zu einem fernen Mythos geworden. Der Erste Weltkrieg war für sie die Zäsur ins Erwachsenenleben. Das Thema der Desillusionierung wurde zu ihrem Begleiter.

Am Ende des Krieges gab es viele Verlierer und vor allem einen Gewinner: die Vereinigten Staaten von Amerika. Mit dem Waffenstillstand (1918) und dem Friedensvertrag (1919) hatten sie sich als stärkste Militär- und Wirtschaftsmacht erwiesen, die Präsident Wilson für die Durchsetzung einer internationalen Verantwortung der Demokratien, einer „neuen Weltordnung", einzusetzen suchte. Das neue Selbstbewusstsein zeigte sich vor allem in der Wirtschaft, in dem Wachstum von unternehmerischem Wettbewerb, Märkten und Export. „Less government in business and more business in government"[13] lautete ein Wahlkampfmotto des späteren republikanischen Präsidenten Harding. „The business of America is business", wurde Calvin Coolidge, 30. Präsident der USA, zitiert. Vor allem die städtische Gesellschaft wandelte sich zu einer Konsumgesellschaft, die sich von der puritanischen Tradition der Sparsamkeit und des Verzichtes löste.[14]

> Die USA nach 1918

---

13 = Weniger Regierungseinfluss auf die Wirtschaft und mehr Wirtschaftsinteressen in der Regierung.

14 Die soziale Schattenseite des Wirtschaftsbooms war die Verarmung der Landbevölkerung, die hohe Zahl arbeitsloser Kriegsveteranen, die weiter wachsende Zahl der Einwanderer, die durch verschärfte Einwanderungsgesetze in die Illegalität gerieten, und der gewalttätige Rassismus. Eine reale „Hexenjagd" auf Sozialisten, Kommunisten und radikale Gewerkschaftsführer hatte schon im Zusammenhang mit den großen Streiks nach Ende des Krieges eingesetzt und in der Hinrichtung der Anarchisten Sacco und Vanzetti 1927 einen Höhepunkt erlebt.

Zwei Symbole: Das Auto und der Film

Innerhalb weniger Jahre, von 1918–1928, schien es, als habe Henry Ford mit der Produktion von immer mehr Autos die Amerikaner auf die Straße des Fortschritts gesetzt. Wie für George Babbitt in Sinclair Lewis' gleichnamigem Roman war für die meisten wohlhabenden Bürger das Auto „Dichtung und Tragödie, Liebe und Heldentum – das Auto bedeutete Risiko und Ferne." Das Auto machte die moderne mobile Gesellschaft erst möglich und setzte zugleich die Werte der Pioniergesellschaft fort.

Neben der Autoindustrie gab es Hollywood, die Traumindustrie, die keine Autos, sondern neue Götter schuf und damit allen, die wenigstens im Film den „amerikanischen Traum" erleben wollten, das vergängliche Glück der Illusion schenkte.[15]

Die Prohibition (1919–1933)[16]

Eine der paradoxen politischen Entscheidungen in dieser Zeit unternehmerischer Freiheit, wachsenden Konsums und individueller Selbstverwirklichung war der Kongress-Beschluss zur Prohibition, dem 18. Verfassungszusatz, der die Herstellung, den Import, den Verkauf und den Konsum von Alkohol verbot. Die gesetzliche Kriminalisierung beruhte einerseits auf einer moralisch-religiösen Bewegung und andererseits auf der zentralistischen Kontrolle des Nahrungsmittelmarktes. Die Durchsetzung des 1919 beschlossenen Gesetzes wurde zu einer Herausforderung für die Gesetzeshüter und jene, die an den Beschränkungen verdienen wollten.[17] Der Machtkampf der Polizei mit den rivalisierenden Banden von Alkohol-

---

15 Tennessee Williams lässt Tom in *Glass Menagerie* diese Form des Glücks „aus zweiter Hand" als notwendige Realitätsflucht verteidigen.

16 Das Gesetz zur Prohibition wird in den USA als „Volstead Act" bezeichnet, nach dem Kongress-Abgeordneten Andrew Volstead aus Minnesota, der es 1919 auf den Weg brachte.

17 Der Begriff „bootlegger" bezeichnete denjenigen, der illegal Alkohol herstellte und vertrieb.

schmugglern forderte viele Opfer und ging doch verloren. Der florierende Schwarzmarkt, der von den Glücksrittern der Prohibition und dem organisierten Verbrechen beherrscht wurde, machte das „edle Experiment" zu einer Gefahr für die Bürger, für die Wirtschaft und für die demokratischen Institutionen. Durch unkontrollierte Börsenspekulation, politische Korruption und die Krake des organisierten Verbrechens entwickelte sich ein Klima wirtschaftlicher Freibeuterei. Der Zusammenbruch der Börse in New York am 29. Oktober 1929, dem „schwarzen Freitag", und die folgende Wirtschaftskrise (Great Depression) erschütterten den Glauben der amerikanischen Bürger an ihr politisches und wirtschaftliches System und hinterließen tiefe Spuren in der amerikanischen Psyche.[18] Die Auswirkungen auf Europa waren verheerend.

> „F. Scott Fitzgerald hat mehr als irgendeiner seiner Generation seine Epoche verkörpert. Man hat behauptet, dass er diese Jazz- und Ginepoche selber erfunden hätte. Wenn er sie nicht erfunden hat, so hat er sie doch am genauesten interpretiert, war er ihr zuverlässigster Zeuge; er hat dieser Epoche das Vokabular gegeben und damit die Möglichkeit ihres Fortlebens."[20]

Die Jazz-Epoche[19]

Das glänzende Image von Scott Fitzgerald und seiner Frau Zelda spiegelte ihren öffentlich demonstrierten Lebensstil, mit dem sie stellvertretend den Nachkriegsjahren den Stempel des antipuritanischen Optimismus und Hedonismus aufdrückten. Sie wirkten wie Propheten einer jungen, selbstbe-

---

18 Die psychologischen Folgen hat der 1915 geborene amerikanische Dramatiker Arthur Miller immer wieder in seinen Werken aufgezeigt (u. a. *A Memory of two Mondays*) und in seiner Autobiografie *Timebends* erklärt.

19 Vgl. Kapitel 5, Materialien, S. 96 dieser Erläuterung.

20 Abdré Bay in: John Brown, *Panorama der modernen Literatur: USA*. S. 102.

wussten Gegenkultur. Dieses von Fitzgerald so genannte „Jazz Age" brachte eigene Verhaltensformen und neue Rhythmen hervor. Auf der Woge eines befreiten Lebensgefühls nach der Rückkehr aus dem Krieg und der neuen Gleichberechtigung tanzte man den Charleston, trugen die jungen Frauen die Haare und Röcke kurz und rivalisierten miteinander um die gewagteste Selbstdarstellung. Fitzgerald war fasziniert von diesem neuen egozentrisch-extravaganten Frauentyp, den er als „flapper" in seinen frühen Erzählungen porträtierte. Diese jungen Frauen schienen auf herausfordernde Weise die weibliche Emanzipation zu verkörpern, die in dem 1920 endlich durchgesetzten Frauenwahlrecht, dem 19. Verfassungszusatz, festgeschrieben wurde.

Emanzipation wurde zur Forderung vieler benachteiligter Gruppen der Gesellschaft. Tempo und Energie für Veränderungen prägten dieses Jahrzehnt der „roaring twenties", das für die meisten wirtschaftlich und moralisch in einem Desaster endete. Fitzgerald blickte später mit melancholischem Staunen auf diese kurze Epoche euphorischer Selbstsicherheit zurück.[21]

Die „verlorene Generation" und ihre Werke

Scott und Zelda Fitzgerald wurden die berühmtesten und ruhelosesten der Künstlergeneration, die Gertrude Stein als „lost generation"[22] bezeichnete, Pendler zwischen den Kontinenten auf der Suche nach Selbstverwirklichung und Glück.

---

21 Fitzgerald erinnert sich in der Person des Nick Carraway: „Es war auf jeden Fall geborgte Zeit – die oberen 10 Prozent einer Nation, die mit der Sorglosigkeit von Großherzögen und der Unbekümmertheit von Starlets lebten. ... Auch wenn man pleite war, sorgte man sich nicht um Geld, denn es war so reichlich vorhanden. Charme, Berühmtheit oder allein gute Manieren wogen gesellschaftlich schwerer als Geld." (*The Great Gatsby*, Kap. I) Übersetzung der Verfasserin.

22 Hemingway erklärt die Herkunft und Übertragung des Zitates auf die durch den Krieg haltlos gewordene Jugend. Er findet die Bezeichnung unzutreffend. In *A Moveable Feast*, S. 27 ff.

Diese Generation der „Amerikaflüchtigen" (Sherwood Anderson, A. Mac Leish, E. E. Cummings, John Dos Passos, T. S. Eliot, Ezra Pound, E. Hemingway u. a.) eröffnete der Literatur neue Wege und Themen und schuf Weltliteratur.

In den Jahren von 1920 bis 1930 entfaltete sich in den USA neben der Blüte des Theaters vor allem ein einzigartiger Höhepunkt der Romanproduktion, die ihren langen Nachhall in Europa finden sollte und von europäischen Motiven inspiriert war. Diese Autorengeneration setzte Maßstäbe in der Auseinandersetzung mit dem naiven amerikanischen Fortschrittsglauben, dem „amerikanischen Traum":

Theodore Dreiser, der längst berühmte Autor sozialkritischer Romane (*Sister Carrie*, 1900, die *Cowperwood Trilogy*: *Trilogy of Desire*, *The Financier*, 1912, *The Titan*, 1914 u. a.), gehörte nicht mehr zu dieser Generation, doch seine *American Tragedy* (1925) war die Bilanz einer Spekulationszeit, ein Epos über Ehrgeiz und Schuld.

Sinclair Lewis hatte mit *Main Street* (1920) und *Babbitt* (1922) den Konformismus des Provinzlebens geschildert. Seine Hauptfigur, Babbitt, ist ein typischer Vertreter des „mainstream America", wie er später in John Updikes *Rabbit*-Romanen wieder erscheint. E. E. Cummings gestaltete in *The Enormous Room* (1922) eine surrealistische Parabel über Unrecht und Gewalt. John Dos Passos veröffentlichte 1923 den Roman *Three Soldiers*, einen Antikriegsroman über einen jungen Idealisten. In *Manhattan Transfer* (1927) benutzte er eine neue Erzähltechnik, um das Leben in New York durch viele Charaktere darzustellen.

Ernest Hemingway (*The Sun also Rises* / *Fiesta*, 1926, *A Farewell to Arms*, 1929), Thornton Wilder (*The Bridge of San Luis Rey*, 1927), William Faulkner (u. a. *The Sound and the Fury*, 1929) und Thomas Wolfe (*Look Homeward, Angel*, 1929) zeigten die z. T. intensiv biografisch geprägte Auseinandersetzung mit den politischen Veränderungen und moralischen Widersprüchen ihrer Zeit.

Fitzgerald hat in seinem Werk seine eigene Generation porträtiert, deren Helden die jungen Aufsteiger, die Alt- und die Neureichen zu sein schienen. „Schon von seinem 25. Lebensjahr an hatte Fitzgerald den ‚Sinn' für das Drama seiner Generation niedergerissen, um in das Leere vorzustoßen."[23] Seine Charakterisierungen und seine Metaphorik entlarvten den falschen Glanz. Aus der desillusionierten Attitüde wurde die Absage an die Überheblichkeit der Reichen und Erfolgreichen und an den amerikanischen Traum.

---

23 J. F. Cahen, *Die amerikanische Literatur.* Enzyklopädie des 20. Jh. Bd. 5. Hamburg: Hoeppner, 1960, S. 101.

1.3 Angaben und Erläuterungen zu wesentlichen Werken

Fitzgerald hatte schon als Junge den Traum von einer bedeutenden Karriere, um der bedrückenden Durchschnittlichkeit seiner Familie zu entkommen und sein anspruchsvolles Selbstideal zu verwirklichen. Ihm war bewusst, dass dieser Ehrgeiz nur durch beständige Arbeit zu befriedigen war. In einem Brief an seinen Lektor Maxwell Perkins schreibt er gegen den falschen Eindruck, das Schreiben falle ihm leicht:

Visionen

> *„Mir fällt nichts leicht. Mir fiele es leicht, kitschig zu sein, falls ich mich darauf einlassen würde … aber seitdem ich mich dafür entschied, ein ernsthafter Künstler zu sein, habe ich mich mit jeder Einzelheit herumgeschlagen, bis ich mich schließlich in einen langsamen Behemoth[24] (schreibt man das so?) verwandelt hatte, und das werde ich für den Rest meines Lebens bleiben."[25]*

Seine innere Spaltung war seit jeher sein Thema, seine Last und zugleich Material für Selbstbeobachtung und für sein Schreiben. Er fühlte sich immer herausgefordert, nicht nur die eine, sondern auch die entgegengesetzte Betrachtungsweise zu praktizieren („Doubleness", „Double vision"). Widersprüche begleiteten sein Leben:

Spaltungen

Fitzgerald war irisch-amerikanischer Katholik, der Kraft gewann aus der puritanischen Ethik von Anstrengung und Ver-

---

24 Ein „Behemoth" ist ein gewaltiges, unverwundbares Tier (Buch Hiob, 40, 15–24).
25 Milford, S. 250. Die Mühe hatte z. T. auch mit einer Schreibschwäche zu tun, der Legasthenie: Hemingway fiel z. B. Fitzgeralds Schwierigkeit auf, seinen Namen richtig zu schreiben. Vgl. Hemingway, *A Moveable Feast*. Penguin Books 1973, S. 129

zicht, von Treue zu seinen Gelübden, unter allen Umständen und für immer.

Seine elegante, anti-bürgerliche Selbstdarstellung, Reichtum und Unverletzlichkeit waren ihm wesentlich, aber er konnte sie immer weniger aufrecht erhalten.

Er liebte und hasste Geld und Reichtum und führte in den zwanziger Jahren einen hoffnungslosen Kampf gegen die Schulden, die das gemeinsame verschwenderische Leben und später die Kosten für Zeldas Klinikaufenthalte verursachten.

Er sammelte und ordnete, er führte von 1919 bis 1937 ein „Kontobuch", in dem er seine finanzielle und persönliche Situation detailliert bilanzierte, und doch wurde er der Probleme nie Herr.

In seiner Beziehung zu Zelda zeigt sich seine Widersprüchlichkeit auf für beide tragische Weise: Er war ihr ganz ergeben und benutzte doch ihre Person und Talente für sein Schreiben. Er betrachtete sie als seine Muse und sein wichtigstes Modell, aber ihren eigenständigen Ehrgeiz empfand er als störend und kränkend. Er forderte für sich das alleinige Recht, über ihr Leben zu schreiben, aber er half ihr auch praktisch und künstlerisch weiter.

Auch in Zeiten der Konflikte, Entfremdung und Belastungen war ihre Beziehung für Fitzgerald unauflöslich und schicksalhaft. Und doch schreibt Fitzgerald zwei Jahre vor seinem Tod in einem Brief an seine Tochter bitter:

„Als ich in deinem Alter war, hatte ich einen großen Traum. Der Traum entwickelte sich weiter, und ich lernte, davon zu sprechen und die Leute zum Zuhören zu bewegen. Eines Tages aber spaltete sich dieser Traum, als ich beschloss, deine Mutter zu heiraten, obwohl ich wusste, dass sie verzogen worden und

für mich keine gute Wahl war. Ich habe es sofort nach der Hochzeit bedauert, aber da ich damals geduldig war, habe ich mich damit abgefunden und gelernt, sie auf andere Weise zu lieben. "[26]

Seine Intuition und der „Doppelblick" machten ihn zum einfühlsamen Inter-

Paradoxie

preten seiner Epoche. In seinen Werken – 5 Romanen, mehr als 160 Kurzgeschichten, Essays und einer umfangreichen Korrespondenz[27] – spiegeln sich immer auch seine persönlichen Visionen, Krisen und Erkenntnisse. Besonders seine Werke der 20er Jahre zeigen die Parallelität zu seinem Leben, die Fähigkeit zur Selbstkritik und die intuitive Wahrnehmung von Verlust und Niedergang. Schreibend erfasste und zeigte er sich selbst in der Widersprüchlichkeit seiner literarischen Personen. Es war ironisch und tragisch, dass seine Einsichten die eigene Problematik nicht lösten und den Verschleiß in seinem Leben nicht aufhielten.

Mit dem großen Erfolg seines ersten Romans öffneten sich dem dreiund-

Realitäten

zwanzigjährigen Fitzgerald Türen, die ihm Veröffentlichung und Einkommen sicherten.[28] Nun konnte er die glänzende, bewunderte Zelda Sayre heiraten. Fitzgerald erlebte jedoch bald die Oberflächlichkeit und die Belastungen des ausgelassenen Lebens für seine Arbeit. Wie Nick und Gatsby suchte er 1922 auf Long Island Distanz zu der New Yorker Gesellschaft und begann dort 1923, an seinem dritten Roman *(Gatsby)* zu arbeiten. Die folgenden Jahre waren gezeichnet

---

26 Milford, S. 278.
27 Seit 1992 wird an einer kritischen Gesamtausgabe gearbeitet. In Deutschland ist sein Werk bisher unvollständig und in verschiedenen Verlagen erschienen.
28 Der Verlag Scribner's und *Scribner's Mag*, die *Saturday Evening Post* etc.

von ständigen Ortswechseln zwischen Europa und den USA, von Alkoholproblemen beider Eheleute und ihrer zunehmenden Entfremdung. Schreiben war Aufgabe und Notwendigkeit unter immer schwierigeren Umständen, und die Erfolge des Anfangs stellten sich nicht mehr ein. In seinen letzten Lebensjahren war Fitzgerald auf das Schreiben von Drehbüchern für Hollywood angewiesen. Aber es gelang ihm immer noch, sein Leben zu großer Literatur zu machen.

Etappen

Die Entwicklung seines Denkens und Schreibens von der Gesellschaftssatire zu einem skeptischen, symbolischen Realismus mit tragischen Untertönen lässt sich an den folgenden Etappen ablesen. *The Great Gatsby* (1925) nimmt dabei den zentralen Platz ein.

1896 Kindheit	Fitzgerald bekommt die Vornamen Francis Scott Key nach dem Autor der Nationalhymne *The star-spangled banner*. Der Vater gibt ihm unter Hinweis auf seine aristokratische Abstammung von den Scotts und den Keys strenge gesellschaftliche und moralische Leitlinien mit und prägt das elitäre Selbstbild und die hohen Lebenserwartungen des Jungen. Angesichts der beruflichen Erfolglosigkeit des Vaters und der Abhängigkeit der Familie von den reichen Verwandten mütterlicherseits flüchtet sich der Junge in Träume einer edleren Identität. Er beginnt zu schreiben und führt ein „Gedankenbuch".[29]

---

29 Vgl. *Der große Gatsby* (Kap. IX): Das „Gedankenbuch" des jungen „Jimmy" Gatz, das sein Vater gefunden hat.

1911–14	Schon als Schüler in Hackensack, N. J., ist F. fasziniert vom Theater. Er schreibt und inszeniert Theaterstücke und Musicals in der Schule und bewundert das New Yorker Theaterleben. Er will nach Princeton, N. J., der intellektuell und künstlerisch attraktiven Elite-Universität an der Ostküste. Dort hat F. endlich den lange ersehnten Erfolg: Er veröffentlicht Texte, Theaterstücke, gewinnt Kontakt und Einfluss in Clubs („Triangle Club") und schreibt das Libretto für die erfolgreiche Bühnenshow „Fie! Fie! Fi-Fi!"
1920	Fitzgeralds erster Roman *This Side of Paradise* (Titel der ersten Version war *The Romantic Egotist*) ist die Geschichte eines hochmütigen intellektuellen Dandys in Princeton. Amory Blaine erschafft sich ein unverwundbares Image. Gefühle und Leidenschaften werden inszeniert und beobachtet, als wäre das Leben eine Bühne. Die Kriegserfahrung, „das Ende der Helden" und seiner Illusionen, löst Ernüchterung und schließlich eine reifere, pragmatische Haltung aus. In diesem Entwicklungsroman erkennt sich die junge, ehrgeizige, durch die Erfahrung des Krieges veränderte Generation wieder, für die Fitzgerald eingängige Begriffe und Bilder prägt. 1922 erscheint sein zweiter Roman, die Geschichte einer gescheiterten Ehe, *The Beautiful and Damned*.
1924	Fitzgerald hatte als Junge behauptet, von den königlichen Stuarts abzustammen. Die Wahl eines bedeutenderen Selbst benutzt er in der Kurzgeschichte *Absolution*. Darin weicht der Junge Rudolph Miller in seine romantische Fantasiewelt aus.

1925	Fitzgeralds persönliche Probleme verstärken in seinen Kurzgeschichten das Thema des Scheiterns und Verfalls. In der Kurzgeschichte *The Rich Boy* (1925), veröffentlicht nach dem *Great Gatsby,* scheitert der Held, Anson Hunter, emotional an seinem Reichtum. Zwar ist er anderen zugetan und empfindet auch Liebe, doch sein Überlegenheitsgefühl hat seine vitalen Instinkte verkümmern lassen. Nicht aus Armut und Schüchternheit, sondern aus arroganter Nachlässigkeit geht sein Lebensglück verloren. Wie im *Great Gatsby* wird auch seine Lebensgeschichte von einem Ich-Erzähler berichtet, der ihm freundschaftlich, kritisch und zugleich bewundernd zugetan ist.
1927	Fitzgeralds mühevolle Arbeit an dem Drehbuch von *Lipsticks* für MGM endet enttäuschend, da der Film gar nicht gedreht wird. Zehn Jahre später ist er wieder in Hollywood, um mit dem Schreiben von Drehbüchern zu überleben.
1930	In der Kurzgeschichte *Babylon Revisited* kehrt Charlie Wales nach mehreren Jahren nach Paris zurück, um seine kleine Tochter zu besuchen. Mit der Rückkehr verbinden sich Erinnerungen an Ausschweifungen und Ehekonflikte. Als seine Frau starb, wurde er von ihren Verwandten für ihren Tod verantwortlich gemacht. Seine kleine Tochter blieb bei ihnen. Nachdem er sein Leben geordnet hat, will er nun seine Tochter zu sich nehmen. Durch einen verhängnisvollen Zufall scheint das Vorurteil der Verwandten bestätigt, dass er ein unzuverlässiger Trinker sei.

Er fügt sich den Verwandten in der Hoffnung auf eine nächste Chance.

1934   In *Tender is the Night* verliert Dick Diver alles, weil er sich falsch entscheidet und sich und andere täuscht. Aus Liebe und Hilfsbereitschaft wurde der junge Forscher zum Arzt und Ehemann der reichen, psychisch labilen Nicole. In dem gemeinsamen unsteten Leben u. a. an der französischen Riviera verliert er seine Orientierung und wird alkoholabhängig. Er sieht, dass ihm sein berufliches Leben entgleitet und dass er immer abhängiger wird. Schließlich lässt er alle Ansprüche, seine Familie und die egoistische Gesellschaft hinter sich und kehrt zurück in die amerikanische Provinz. Der Misserfolg dieses Romans, an dem er seit Jahren mit ständigen Veränderungen gearbeitet hat, deprimiert Fitzgerald. Zeldas Krankheit und das unstete Leben zwischen Europa und Amerika vertiefen seine alten Probleme. Seine Themen sind jedoch nicht mehr die des neuen Jahrzehnts.

1940   Im Januar erscheint die erste der insgesamt 17 *Pat Hobby Stories* im ‚Esquire'. In der Gestalt des erfolglosen Drehbuchschreibers verarbeitet Fitzgerald sarkastisch seine materiellen Probleme und die Demütigungen durch die Filmstudios. Im Mai arbeitet er an dem Drehbuch zu *Cosmopolitan*, einer Version von *Babylon Revisited*.

1941   Im Oktober erscheint posthum *The Last Tycoon*. Edmund Wilson ediert diesen unvollendeten Schlüsselroman nach F.s Aufzeichnungen. Der

Filmmagnat Monroe Stark, nach Irving Thalberg gezeichnet, ist ein beeindruckender Einzelgänger im Kontrast zu der Mehrheit skrupelloser Opportunisten.

Leitmotive

- Image und Person, die Diskrepanz zwischen dem gesellschaftlichen Bild und dem Selbst.
- Der Künstler in der Konsumgesellschaft: Gefühl und Materialismus.
- Die Zerbrechlichkeit der Träume, der Preis der Anpassung.
- Die Egozentrik und Arroganz der Reichen, die Verwundbarkeit der anderen.
- Die ambivalente Beziehung zwischen Mann und Frau, die Ambivalenz der Liebe.
- Ehekonflikte und die Kinder als Betroffene.
- Die Nähe der Lebenskatastrophen, Krankheit, Gewalt und Tod.
- Das vergebliche Bemühen um Erfolg und Vollkommenheit.

2. Textanalyse und -interpretation

2.1 Entstehung und Quellen

Die Arbeit an Fitzgeralds drittem Roman im Juni 1923 auf Long Island stand unter keinem guten Stern, weil der frühe Erfolg den jungen Mann aus dem Westen zu einem Star des New Yorker Lebens gemacht hatte, der scheinbar alles erreicht hatte: Geld, Ruhm, eine attraktive Frau, viele Freunde. Er lebte inmitten der wohlhabenden Familien am Rande New Yorks. Die tollen Partys gingen auch hier weiter, weil man das dem Ruf als „golden boy" und „golden girl" schuldig war. Dabei brauchte er so dringend Ruhe zum Nachdenken und Abstand zu der Hektik der vergangenen Jahre. Aber er kam in dem Sommer vor lauter Trubel nicht voran.
Sein Thema – „the lost city" – festigte und entwickelte sich jedoch weiter.
Im Herbst stand die Inszenierung seines Theaterstücks *The Vegetable* an,

> Abstand zu New York

von dem er sich großen Erfolg am Broadway erhoffte, und so konzentrierte er sich auf die Generalprobe in Atlantic City im November. Als das Stück durchfiel, war er geschockt und verzweifelt. Die Alkoholprobleme und Konflikte verschlimmerten sich in den folgenden Monaten. Fitzgerald und seine Frau verließen New York und fuhren im April 1924 nach Frankreich. In St. Raphael wohnten sie in der Villa Maria hoch über dem Meer. Ein Jahr, nachdem Fitzgerald den Roman begonnen hatte, schrieb und revidierte er ihn sorgfältig während des ganzen Sommers, so dass er Ende Oktober das Manuskript an Maxwell Perkins vom Verlag Scribner's schicken konnte. In späteren Briefen an Zelda erinnert Fitzgerald sie an das harte Jahr, in dem er so unglücklich war und so viel geschrieben hatte.[30] In Rom überarbeitete er den Druck erneut und schrieb drei weitere Geschichten. Als der Roman am 10. April 1925 in New York erschien, war Fitzgerald in Paris. Seine Korrespondenz mit Maxwell Perkins sicherte ihm die Verbindung zur New Yorker Szene.

Strategien Die wichtigste Quelle für den Roman war Fitzgeralds Erleben und Intuition. Auch in der Krisenzeit des Sommers 1924, die er später als den ersten Bruch ihrer Ehe ansah, gelang ihm die Übertragung seiner Beobachtungen und Gefühle in Literatur.[31] So konnte er das Chaos und den Druck der Verantwortung ertragen, literarisch in Schach halten und nutzen. Er erfand Personen, die Teile von seiner und Zeldas Persönlichkeit übernahmen. Diese konnte er entwickeln und dirigieren, anders als im realen Leben. Ein Aspekt des neuen Romans war eben die Unordnung und Orientierungslosigkeit in den Beziehungen als Ausdruck einer richtungslosen Gesellschaft. Die Perspektive, aus der die Stadt und ihre Menschen einem erwartungsvollen jungen Menschen aus dem Westen der USA erschienen, kannte und nutzte Fitzgerald für seinen Roman.

Parallelen Zeldas Liebesaffäre des Sommers 1924 findet sich im Roman wieder. Sie ist hier in eine physische (Myrtle – Tom) und eine idealisierende Beziehung (Daisy – Gatsby) gespalten. In Myrtles und auch in Daisys Reaktion auf Toms physische Selbstsi-

---

30 Zelda hatte 1924 eine heftige Liebesaffäre mit Jozan. Siehe Milford, S. 161.

31 Hemingway berichtet in seinen Erinnerungen, wie bewegt er Fitzgeralds verschiedenen Darstellungen von Zeldas Affäre zugehört habe. Beide Fitzgeralds waren dafür bekannt, dass sie alles dramatisierten. Ihre aufmerksame Sympathie, ironische Distanz und persönliche Betroffenheit wirken wie eine Parallele zu den ersten Seiten im *Großen Gatsby*. Im Verlauf der ersten Begegnung zieht Fitzgerald den gerade veröffentlichten Roman aus der Tasche und gibt ihm dem Jüngeren zum Lesen. Siehe Kapitel 5, Materialien, S. 101 dieser Erläuterung.

cherheit und Sinnlichkeit hat Fitzgerald Elemente der Beziehung zwischen seiner Frau und dem jungen Franzosen einfließen lassen.

Seine eigene Person taucht ebenfalls gespalten auf: Fitzgerald identifiziert sich einerseits mit Nick, der wie er erwartungsvoll aus dem Westen nach New York kommt, in reiche Kreise gerät und sich schließlich desillusioniert zurückzieht und seinen Abstand findet. Nick ist eine positive Projektion Fitzgeralds. Er ist allein, unabhängig und kann frei denken und handeln. Er hat eine Zukunft.

Der verborgene, Angst besetzte Teil von Fitzgerald ist gesteigert in den Zuordnungen zu Gatsby enthalten: Gatsby hat eine unklare Vergangenheit, einen großen Traum und eine sagenhafte Karriere. Es gibt negative Mutmaßungen und Verdächtigungen. Gatsby ist und bleibt ein Außenseiter. In ihm hat Fitzgerald seine versteckten Sozialkomplexe vertieft und mit zeittypischen Elementen der Illegalität und des schnellen Reichtums verbunden. Gatsby hat trotz des Erreichten keine Zukunft.

Der junge Mann aus dem Westen mit irischer Abstammung fühlte sich in **Schmerzhafte Themen** Kreisen der aristokratischen amerikanischen Familien als Eindringling. Er tat alles, um das Gefühl der Verletzbarkeit zu kompensieren und sich unverwundbar zu machen.

Gatsby benutzte seine Selbstgewissheit und Beharrlichkeit. Darauf baute er die Strategie der Distanz und des Geldes auf. Fitzgerald war ebenfalls selbstbewusst und beharrlich. Er baute die Strategie des Schreibens auf, die ihm intellektuelle Distanz, Erfolg und Geld brachte. Aber das Geld bedeutete keine Sicherheit und Unverwundbarkeit:

Die Diskrepanz zwischen den Alt-Reichen und dem Neu-Reichen, die Fitzgerald auch in seiner Ehe erlebte, wird im

Roman zu einem wichtigen dramatischen Element. Missgunst, Ausgrenzung und Stigmatisierung treffen auf Großzügigkeit und Höflichkeit und berühren die entscheidende Schwachstelle: Die Illusion der Symbiose mit der idealisierten Frau. Gatsbys Schwachstelle ist Daisy, Fitzgeralds Schicksal war Zelda.

2.2 Inhaltsangabe

Kapitel I

Zurück in seinem heimatlichen Mittleren Westen bedenkt Nick Carraway seine einschneidenden Erfahrungen an der Ostküste im Jahr zuvor im Licht väterlicher Prinzipien. Das Verhalten der Menschen dort hatte ihn zutiefst enttäuscht; nur Gatsby, der jenen Maßstäben so wenig entsprach, „war in Ordnung." (Übersetz. d. Verf.) Nick war nach New York gegangen, um das Bank- und Aktiengeschäft zu lernen, aber vor allem, um nach seiner Rückkehr aus dem Krieg den Erwartungen seiner konservativen Familie und einer nicht näher bezeichneten Frau zu entgehen.

Er suchte und fand ein einfaches Haus auf Long Island. In der Einsamkeit von West Egg, einer Halbinsel gegenüber dem eleganten East Egg, bewohnte er ein kleines Haus. Neben seinem Grundstück erhob sich ein kolossales Gebäude im französischen Stil, dessen Besitzer ein Mr. Gatsby war.

Nick besucht kurz darauf in East Egg seine entfernte Kusine Daisy, die nach dem Krieg Tom Buchanan, einen reichen, ehemaligen Polo-Star von Yale geheiratet hatte. Nick erlebt den Luxus, aber auch die Spannungen dieser Familie. Daisy reagiert mit hektischer Fröhlichkeit auf das Verhalten ihres Mannes, der eine Affäre hat, wie Nick durch Jordan Baker, Daisys Freundin, erfährt. Auch Daisy vertraut sich ihm an und verwirrt ihn mit ihrer Erinnerung an die Geburt ihrer Tochter: Sie hatte geweint, weil das Baby ein Mädchen war. Nick empfindet seine Verwandte als theatralisch und Tom als arrogant. Die Spannung des Nachmittags weicht aber, als Daisy und Tom ihn freund-

Nick besucht seine Kusine Daisy

schaftlich verabschieden. Daisy will Nick, den ‚Single', mit ihrer Freundin Jordan zusammenbringen.

Spätabends erblickt Nick im Dunkeln zum ersten Mal seinen Nachbarn, der intensiv in die Ferne sieht, dann sehnsuchtsvoll die Arme zu einem kleinen grünen Licht am anderen Ufer ausstreckt und plötzlich verschwunden ist.

Thema: Nicks Einsicht und Erkenntnisse. Die Luxus-Fassade der Gesellschaft.

Bedeutungsträger: Nicks Naturerfahrung; Daisys Stimme und affektierte Herzlichkeit; die Farbsymbolik; das grüne Licht; Gatsbys Haus.

Kontraste: Häuser und Natur; Haltung und Emotionen; der Hell-Dunkel-Kontrast.

Kapitel II

Das zweite Kapitel ist Antithese, Erweiterung und Erläuterung zum ersten Kapitel: Nick begleitet Tom nach New York und lernt auf dem Weg das „Tal der Asche" kennen, eine trostlose Gegend, die von der riesigen Reklametafel eines Augenarztes, Dr. Eckleburg, dominiert wird. Tom wird erneut von George Wilson, dem Betreiber einer kleinen Auto-

| Toms heimliche Verabredung mit Myrtle Wilson |

werkstatt, an sein Versprechen erinnert, ihm sein Auto günstig zu überlassen. Nick wird Zeuge von Toms heimlicher Verabredung mit Myrtle Wilson, einer sinnlichen Frau von Mitte 30.

Wilson akzeptiert wieder einmal die Erklärung seiner Frau, dass sie ihre Schwester in New York besuchen wolle. Nick wird von Tom gedrängt, ihn und Myrtle in New York in ihre Wohnung zu begleiten. Zu seiner Verwirrung erfährt er dort im Verlauf einer improvisierten Party weitere intime

Details aus dieser Beziehung. Ähnlich wie im ersten Kapitel fühlt sich Nick auch in dieser Gesellschaft fremd und unbehaglich. Er würde auch dieser Situation am liebsten entfliehen. Stattdessen trinkt er zuviel.

Nach Toms abwertenden Äußerungen im ersten Kapitel (S. 23) folgen jetzt weitere, die sich gegen Juden, ‚Verlierer‘ und vor allem gegen Gatsby richten. So wie Nick über Tom durch Jordan Baker informiert wurde, so hört er jetzt Klatsch über Daisy von Myrtles Schwester Catherine. Diese behauptet, dass Daisy sich nicht scheiden lasse, da sie katholisch sei. Myrtle habe etwas Besseres als ihren Mann George verdient und werde mit Tom in den Westen gehen, sobald sie könne. Nick wird wieder zum Vertrauten und zum Mitwisser gemacht: Myrtle erinnert sich erregt an ihre erste Begegnung mit Tom.

Nick beobachtet Myrtles affektiertes Verhalten und Toms Willfährigkeit. Als Myrtle Tom jedoch mit der mehrfachen Erwähnung von Daisys Namen herausfordert, schlägt er sie. Die theatralische Szene der Gewalt und Versöhnung treibt die anwesenden Gäste aus der Wohnung. Die Verwirrung dieses Tages endet für Nick auf dem Bahnsteig des Zentralbahnhofes.

Thema: Nicks weitere Beobachtung von Täuschung und falschem Schein.

Bedeutungsträger: die Ortswechsel und Orte; die Augen auf dem Reklameschild; die Augenpaare in den Bildern; der Hund.

Kontraste: das „Tal der Asche“ – Manhattan; Tom und George Wilson; Kontraste und Parallelen der beiden ersten Kapitel.

Kapitel III

Wieder werden zwei Orte kontrastiert: Gatsbys Haus und Grundstück, wo an den Wochenenden spektakuläre Partys stattfinden, und Manhattan, wo Nick arbeitet.

Spektakuläre Partys

Nick ist fasziniert von dem Schauspiel verschwenderischen Reichtums und hemmungslosen Vergnügens, das sich ihm an Wochenenden auf dem Nachbargrundstück bietet und einer unsichtbaren Regie zu gehorchen scheint. Als Nick eine Einladung zu einer solchen Party erhält, erlebt er die Opulenz der Veranstaltung und die Ausgelassenheit der Gäste aus nächster Nähe. Er sucht vergeblich den Gastgeber, trifft dagegen auf Jordan Baker, die ihn mit Teilnehmern der Party bekannt macht. Wieder hört Nick Spekulationen über Gatsbys Vergangenheit. In der allgemeinen Enthemmung fällt die Höflichkeit des Mannes besonders auf, der sich Nick als Gatsby vorstellt. Nick ist überrascht und beeindruckt von seiner Gelassenheit und Großzügigkeit. Wie alle anderen äußert sich auch Jordan skeptisch über Gatsby. Als sie von einem unerwarteten Gespräch mit diesem zurückkommt, scheint sie jedoch beeindruckt. Sie schweigt aber über das Gespräch.

Die Party endet mit dem Lärm streitender Paare im Haus und mit einem grotesken Autounfall auf der Straße. Nach dem Verschwinden der Gäste erlebt Nick die Stille des Hauses und die Einsamkeit des Gastgebers als besonders eindrucksvoll.

In New York erlebt Nick seine Einsamkeit in der Menge, wenn er sich nach Büroschluss treiben lässt und von romantischen Abenteuern träumt. Er trifft Jordan Baker zufällig wieder und fühlt sich trotz seiner Vorbehalte zunehmend zu ihr hingezogen. Sie flirtet mit Nick und verlässt sich auf ihn.

Thema: Nicks Porträt der „Spaßgesellschaft" jener Zeit; Gatsby, der Außenseiter.

Bedeutungsträger: der Ablauf des Festes; die Menge sinnlicher Eindrücke; Außen und Innen von Gatsbys Haus.

Kontraste: Konsum und Hemmungslosigkeit der Gäste im Gegensatz zu Nicks Zurückhaltung und Gatsbys Höflichkeit; Lärm und Stille.

Kapitel IV

Nachdem Nick bei Gatsby eingeführt ist und die Partys über mehrere Wochenenden hinweg hat verfolgen können, listet er wie ein Gesellschaftsreporter die Gäste und ihre Besonderheiten auf. Eingeleitet wird dieses „Who is Who" der Einflussreichen und Aufsteiger erneut durch Spekulationen über Gatsby. Wieder sind es junge Frauen, die ihm eine kriminelle Vergangenheit unterstellen und zugleich seine Großzügigkeit genießen.

Nick belegt seine Erinnerungen mit seinen Notizen aus dem Sommer 1922. Seine ironische „Gesellschaftskolumne" endet mit einem Satz, der wie ein Vorhang vor diesem Menschentheater niedergeht.[32]

Gatsby hat sich schon mehrfach um Nicks Begleitung bemüht. Auf ihrer ersten gemeinsamen Fahrt nach New York drängt Gatsby ihm Einblicke in seine Karriere auf, die ihn als Angehörigen einer privilegierten Schicht darstellen. Nick ist beeindruckt, aber auch verwirrt und misstrauisch angesichts Gatsbys Fähigkeit, Menschen zu manipulieren. Er begleitet Gatsby zu einem Treffen mit seinem Geschäftspartner Wolfsheim, den er selbst als gerissenen Manipulator und Spieler bezeichnet. Er wird von diesem offenbar geschätzt

---

32 „Alle diese Leute kamen in jenem Sommer zu Gatsbys Haus." S. 88 (Übersetzung der Verfasserin).

und als gebildet geachtet. Als Nick später in dem Restaurant Gatsby und Tom miteinander bekannt macht, empfindet er Gatsbys Verlegenheit. Kurz darauf ist Gatsby verschwunden. Bei seinem Treffen mit Jordan im Plaza Hotel erfährt er den Inhalt ihres damaligen Gespräches (s. Kap. III) mit Gatsby.

Einstige Beziehung zwischen Gatsby und Daisy

Jordan klärt ihn auch auf über die einstige Beziehung zwischen Gatsby und Daisy, die Gatsby veranlasst hatte, sein Haus gegenüber East Egg zu kaufen, um Daisy nahe zu sein. Jordan vermittelt Nick eine Vorstellung von der jungen Daisy und dem gesellschaftlichen Rahmen, in dem sich die Liebe des jungen reichen Mädchens und des Soldaten Gatsby in einer kurzen Phase des Krieges ereignete. Ein Jahr nach Kriegsende heiratete sie Tom, dessen Stolz und Reichtum sie überwältigt hatte. Gatsbys Brief aus Europa erreichte sie noch vor ihrer Hochzeit, doch er löste nur eine kurze, melodramatische Krise aus. Sie war aber bald enttäuscht von der Ehe und Toms Untreue. Nach der Geburt ihrer Tochter lebte die Familie in Frankreich und danach in Chicago ein sorgloses Leben.

Nick soll auf Gatsbys Wunsch ein Treffen mit Daisy in seinem Haus ermöglichen. Nick erinnert sich jetzt seines ersten Eindrucks von Gatsby und ist berührt von der Bescheidenheit seiner Bitte und der Stärke seines Glaubens. Nick hat sich in Jordan Baker verliebt.

Thema: Auf den Spuren von Gatsbys Gegenwart und Vergangenheit.

Bedeutungsträger: Gatsbys Auto; die Brücke nach Manhattan; Gatsbys Brief an Daisy.

Kontraste: Gatsbys Widersprüche; Daisys Widersprüchlichkeit; Nicks paradoxe Verliebtheit; „Es gibt nur die Verfolg-

ten und die Verfolger, die Hastenden und die Müden."
(Übersetz. d. Verf.)

Kapitel V

Als Nick nachts nach Hause kommt, wird er überrascht von
dem Licht aus Gatsbys Palast, das die Gegend taghell er-
leuchtet. Trotz der späten Stunde lädt Gatsby seinen Nachbarn zu einem gemeinsamen Bad im Swimmingpool ein.
Nick reagiert ungeduldig, ist aber bereit, Daisy in seinem
Haus zum Tee einzuladen. Gatsbys Angebot, ihm geschäft-
lich unter die Arme zu greifen, lehnt er dagegen irritiert ab.

Als Nick am nächsten Tag eilig einige Vorbereitungen für Daisys Besuch

Daisys Besuch

macht, stellt er fest, dass Gatsby mittlerweile Anordnungen
zur umgehenden Verschönerung des Gartens und Hauses ge-
troffen hat. Eine Stunde vor dem verabredeten Zeitpunkt erscheint Gatsby elegant gekleidet, aber blass und unruhig bei
Nick. Seine Unruhe steigert sich fast zur Panik. Als Daisy
vorfährt, würde er am liebsten die Flucht ergreifen.

Daisy begegnet ihm mit gut überspielter Überraschung.
Gatsby überspielt seine emotionale Erregung mit Kühle
und Distanz. Es gelingt Nick, Gatsby zu beruhigen und zu
vermitteln. Kurz darauf findet er die Situation völlig verän-
dert: Daisy sitzt weinend dem strahlenden Gatsby gegenüber. Voller Begeisterung möchte er ihr nun seinen Besitz
zeigen. Er führt sie durch den Garten, das Haus und seine
luxuriösen Räume. Daisy ist von Gatsbys Begeisterung und
seinem Reichtum so ergriffen, dass sie angesichts der teu-
ren Hemden, die Gatsby ihr zu Füßen wirft, erneut in Trä-
nen ausbricht. Gatsby sieht sie unverwandt und fast un-
gläubig an. Er gesteht ihr, dass er ihr Leben in der Presse
verfolgt habe. Daisy ist tief beeindruckt. Nick lässt beide

schließlich allein. Sie sitzen zusammen im Dunkel auf der Couch, lauschen alten Schlagern und sind ganz ineinander versunken.

Nick vermutet, dass Gatsby den Unterschied zwischen seinem lange genährten Traum und der Realität noch schmerzlich spüren wird. Doch er vertraut jetzt dem Zauber von Daisys Stimme.

Thema: Wiederbegegnung mit der Vergangenheit; Schrecken und Glück der Liebe.

Bedeutungsträger: das erleuchtete Haus und seine reiche Ausstattung; wieder das grüne Licht und Daisys Stimme.

Kontraste: Gatsbys widersprüchliches Verhalten; die Wechsel in der Atmosphäre zwischen Gatsby und Daisy; Anfang und Ende des Kapitels; Licht und Dunkel.

Kapitel VI

Auf die lange erhoffte und vorbereitete Wiederbegegnung mit Daisy folgt in diesem Kapitel der Beginn der Entzauberung: Die Spekulationen über Gatsby werden nun von einem Reporter untersucht. Es folgt ein Bericht über die Phase in Gatsbys Leben, die ihn bis auf seine Begegnung mit Daisy am stärksten geprägt hatte: Der junge James Gatz, der sich an diesem Tag zum ersten Mal Gatsby nennen wird, warnte den reichen Yachtbesitzer Dan Cody vor einer tückischen Stelle des Lake Superior, an der dieser vor Anker gegangen ist. Der Pionier und reich gewordene Spekulant trat zu einem Zeitpunkt in das Leben des jungen Mannes, als dieser seine Träume von großartiger Selbstverwirklichung scheitern sah. Durch Dan Cody und ihre gemeinsamen Fahrten gewann Gatsby Orientierung und Einsichten. Dan Codys Trunksucht machte ihn

Beginn der Entzauberung

immun gegen Alkohol. Gatsby sah, dass Dan Codys Ruin auch von seiner unheilvollen Beziehung zu einer Frau her- rührte. Er selbst verlor durch sie auch das, was Dan Cody ihm vermacht hatte. Einige Jahre später wurde er dennoch Daisys ergebener Verehrer und mutiger „Ritter".

Nick wird zum Zeugen einer Szene, die Toms Vorurteile und wachsende Feindseligkeit gegenüber Gatsby anzeigt: Tom trifft mit einer kleinen Reitgesellschaft überraschend bei Gatsby ein. Gatsbys Höflichkeit und sein Wunsch nach ka- meradschaftlicher Nähe begegnen der verletzenden Arroganz dieser Mitglieder der „guten" Gesellschaft. Nick empfindet die Kränkung für Gatsby mit.

Daisys und Toms Besuch auf Gatsbys Party ist ebenfalls von gesellschaftlichen Vorurteilen bestimmt, obwohl Daisy vor al- lem überrascht und fasziniert ist. Gatsby interpretiert Daisys Reaktion als Misserfolg seiner Bemühungen, sie mit dem Fest zu beeindrucken. Er will alles tun, um Daisy ganz für sich zu gewinnen und die vollkommene Harmonie wiederherzustel- len. Nick ist trotz aller Skepsis von Gatsbys Treue berührt.

Thema: Gatsbys Vergangenheit und Gegenwart; Gatsbys Visionen; Traum und Wirklichkeit.
Bedeutungsträger: Gatsby als „Sohn Gottes"; Dan Codys Yacht; der verzaubernde Kuss.
Kontraste: Gatsbys Herkunft und Selbstbild; Haltungen ge- genüber Gatsby und Gatsbys Haltung; Daisy, das Ideal, und die reale Daisy.

Kapitel VII

Das vorherige Fest war das letzte seiner Art. Nun tritt un- vermittelt eine vollkommene Veränderung auf dem Nach- bargrundstück ein: Gatsby ist nur noch Gastgeber für Daisy.

Das zuvor offene Haus lässt er durch neue Angestellte, die auf Nick wie Bodyguards wirken, gegen Neugierige abschotten. Selbst Nick wird zunächst der Zutritt verwehrt.

Als Nick an einem heißen Sommertag im August bei Daisy eingeladen ist, findet er dort eine ähnliche Situation wie bei seinem ersten Besuch vor. Doch diesmal ist auch Gatsby zu Gast. Dieser fühlt sich unbehaglich und fremd.

Als Tom durch ein Telefongespräch abgelenkt wird, flirtet Daisy heftig mit Gatsby und fährt damit auch in Toms Gegenwart fort. Tom begreift plötzlich, dass er einen Nebenbuhler hat. Auf Daisys Wunsch und aus Langeweile fährt die Gesellschaft an diesem sehr heißen Tag nach New York. Die Atmosphäre ist gespannt. Tom provoziert Gatsby zum Tausch ihrer Autos: Gatsby fährt Toms Auto, und Daisy ist bei ihm. Tom fährt mit Jordan und Nick in Gatsbys Auto. Als Tom an Wilsons Tankstelle hält, nimmt Nick wahr, wie erschöpft Wilson ist. Tom quält ihn, indem er ihm Gatsbys Auto scherzhaft zum Kauf anbietet, aber wieder nicht auf sein Drängen wegen des versprochenen Autos eingeht. Wilson braucht Geld, wie er sagt, um mit seiner Frau nach Westen zu gehen. Tom reagiert verärgert. Nick beobachtet, dass Myrtle die Szene von ihrem Fenster aus verfolgt und Jordan für Toms Frau zu halten scheint.

Im Plaza Hotel trifft die Gruppe wieder zusammen, doch alle sind noch nervöser als zuvor. Während aus dem Tanzsaal Hochzeitsmusik hochschallt, erinnert sich Daisy an ihren eigenen Hochzeitstag. Der Konflikt zwischen beiden Männern bricht offen aus, als Gatsby sich für Daisy einsetzt und Tom angreift. Dieser provoziert Gatsby weiter und mokiert sich über dessen Selbstdarstellung als erfolgreicher, gebildeter Gentleman. Dem hält Gatsby entgegen, dass Daisy ihn liebe und immer geliebt habe. Daisy scheut den offenen

Konflikt und versucht, der Auseinandersetzung zu entgehen. Sie attackiert Toms Selbstsicherheit, indem sie Gatsbys Position und seine Worte übernimmt. Als Tom sie nicht ernst nimmt, sondern sie an intime Erlebnisse erinnert, schwindet Daisys Selbstbehauptung. Dagegen bricht ihr Ärger über Gatsbys Erwartungen heraus, da sie sich überfordert und auch von Gatsby enttäuscht fühlt. Sie bestätigt ihm, dass sie auch ihn geliebt habe, aber dass er jetzt zuviel von ihr verlange. Gatsby will nicht glauben, was er hört. Er versucht, eine Entscheidung zu erzwingen, indem er behauptet, dass Daisy Tom verlassen werde. Jetzt spielt Tom vor den Anwesenden seinen Trumpf aus: Er bezeichnet Gatsby auf Grund seiner Nachforschungen als Kriminellen. Gatsby ist bestürzt, vor allem wegen der möglichen negativen Wirkung auf Daisy. Als diese erregt das Hotel verlässt, folgt Gatsby ihr.

An diesem Tag ist Nick dreißig Jahre alt geworden. Er fühlt sich ernüchtert vom Leben. Alle begeben sich zu ihren Autos, um nach Long Island zurückzufahren. Das Folgende berichtet Nick nach den Angaben des Augenzeugen Michaelis, Wilsons Nachbar:

Wilson war misstrauisch geworden und hatte einen heftigen Streit mit seiner Frau. Obwohl er sie oben eingeschlossen hatte, stürzte sie auf die Straße, als sie das gelbe Auto aus New York herankommen sah. Das Auto verletzte sie tödlich und fuhr mit hoher Geschwindigkeit weiter. Als Tom und seine Mitfahrer die Unfallstelle erreichen, ist die Tote schon aufgebahrt. George Wilson hockt ver- **Daisy überfährt Myrtle** zweifelt bei ihr. Tom beherrscht die Situation autoritär und selbstsicher. Er erfährt genug über das Tatauto, um zu erkennen, dass es sich um Gatsbys Auto handelt. Er fährt mit Jordan und Nick weiter.

Im Schatten von Daisys Haus trifft Nick auf Gatsby, der

besorgt um Daisys Sicherheit ausharrt und nur beiläufig etwas zum Unfallhergang äußert. Nick begreift, dass Daisy das Auto fuhr. Um sich ein Bild von Daisys jetzigem Zustand zu machen, wirft er einen Blick ins Haus. Er sieht Tom und Daisy am Tisch sitzen und wie Verschwörer reden. Gatsby hält weiter Wache vor dem Haus.

Thema: Steigerung des Konfliktes zum Höhepunkt; Konfrontation und verbales Duell; Myrtles Tod als tragischer Irrtum.
Bedeutungsträger: die Häuser von Gatsby und den Buchanans; die beiden Autos; die Hitze; das Telefon, die Musik; Nicks 30. Geburtstag.
Kontraste: Gatsbys Haus vorher und jetzt; Daisys Widersprüche; Toms und Gatsbys Verhalten; Toms und Wilsons Reaktion.

Kapitel VIII

Die Vordergrundhandlung schließt zeitlich unmittelbar an, doch statt einer Auseinandersetzung mit den realen Ereignissen folgt Gatsbys Beschwörung der Vergangenheit. Gatsbys Liebe zu Daisy fünf Jahre zuvor wurde schnell zur lebensbestimmenden Suche nach dem „heiligen Gral". Nick ist nun Gatsbys einziger Freund in dem leeren Haus. Er versucht, ihn zur Vernunft zu bringen und zum Fortgehen zu überreden. Doch Gatsby hofft immer noch, dass Daisy sich für ihn entscheiden werde. Er ist überzeugt, dass er an die Vergangenheit anknüpfen und die Liebe wieder möglich machen könne. Gatsby wirkt gelassen und zuversichtlich, doch Nick ist beunruhigt und geht ungern fort. Er dreht sich noch einmal um und ruft Gatsby zu, dass er viel mehr wert sei als die ganze Meute. Dieses ist Nicks einziges Kompliment,

Nick ist nun Gatsbys einziger Freund

das er je an Gatsby gerichtet hat; und er ist später sehr froh darüber. Gatsby lächelt, als er es hört.

Nick versucht später vergeblich, vom Büro aus Kontakt mit ihm aufzunehmen. Sein Gespräch mit Jordan ist unbefriedigend, aber Nick ist es gleichgültig, denn er ist erschöpft.

Es folgt eine Rückblende auf den vorigen Abend und die Nacht in Wilsons Garage. Michaelis gelingt es nicht, Wilson zur Einsicht in das Unabänderliche zu bringen. In Verkennung der Zusammenhänge geht Wilson seinen Weg, den Mörder seiner Frau zu töten, während Gatsby in Verkennung der Situation auf Daisys Anruf wartet. Als Gatsby um 14.00 Uhr mit einer Luftmatratze den Weg zum Pool nimmt, ist Wilson auf dem Weg nach West Egg.

Als Nick aus der Stadt zurückkommt und zu Gatsbys Haus eilt, entdeckt er den Körper des toten Gatsby auf der Luftmatratze im Pool. Nahe dabei, auf dem Rasen, liegt Wilsons Leiche. Für die fragliche Zeit findet sich kein Zeuge.

Thema: Illusion, Verzweiflung, Mord und Selbstmord.
Bedeutungsträger: Gatsbys Haus; „der heilige Gral"; die Hundeleine; Dr. Eckleburgs Augen; die Blätter im Pool.
Kontraste: Verirrung durch Liebe (Gatsby), Verirrung durch Verzweiflung (Wilson), Paradox von Gatsbys Zuversicht und Tod.

Kapitel IX

Die unmittelbar auf die Katastrophe folgenden Ereignisse erinnert Nick aus der Distanz von zwei Jahren. Der zweifache Tod erregt öffentliches Aufsehen. Trotz erheblicher Anstrengungen von Presse und Gericht werden die Zusammenhänge jedoch nicht aufgedeckt, da sich Gatsbys Bekannte und alle Beteiligten in Schweigen hüllen.

Nick bleibt allein zurück mit der plötzlichen Verantwortung, seinem Freund zu einer angemessenen Beerdigung zu verhelfen. Während sich jeder andere mit fadenscheinigen Gründen zurückzieht oder verleugnen lässt, trifft überraschend Gatsbys Vater aus dem Mittleren Westen ein. Er ist noch immer stolz auf den Sohn, der sich schon als Junge Selbstdisziplin, Sparsamkeit, Anstand und Leistung abverlangt hatte, wie Nick nun in seinen frühen Aufzeichnungen nachlesen kann.

Nick empfindet für den leiblichen Vater Gatsbys, Mr. Gatz, Achtung und Mitgefühl. Dagegen ist er schockiert von der Kälte all der Menschen aus Gatsbys Umfeld. Auch dessen Partner Wolfsheim lehnt jede öffentliche oder private Geste für Gatsby ab, obwohl er wortreich seinen Einfluss auf Gatsbys Karriere hervorhebt. Außer Gatsbys Personal stehen nur Nick, Mr. Gatz und der „Hornbrillenmann" zusammen mit dem Geistlichen an Gatsbys Grab. Blumen werden nicht geschickt. Daisy ist nicht zu erreichen.

Nick will nach diesen Ereignissen nicht weiter im Osten bleiben. Er ordnet seine Angelegenheiten und verabschiedet sich mit leichtem Bedauern von Jordan Baker. Als er Tom zufällig in New York begegnet, fragt er ihn, ob Wilson an Gatsbys Todestag zu ihm gekommen sei. Widerwillig und trotzig muss Tom zugeben, dass er selbst Wilson auf Gatsbys Fährte gesetzt habe. Nick durchschaut plötzlich die Selbstsicherheit dieses Mannes als Skrupellosigkeit einer Klasse, die zerstört und die Verantwortung ablehnt. Diese Erkenntnis und der Blick auf Gatsbys leeres Haus machen ihm den Osten unerträglich.

Mit dem Blick auf das Meer, das einst Sehnsucht nach einem idealen Land und einer besseren Zukunft weckte und für Gatsby vor allem die Entfernung von dem Licht am anderen Ufer bedeutete, nimmt Nick Abschied von Gatsby.

Thema: Nicks Rolle als Freund und Sachwalter; Porträt des Mr. Gatz; Gatsby als Außenseiter auch im Tod.

Bedeutungsträger: Gatsbys Haus nach dem Mord; das alte Heft mit Gatsbys Lebensregeln; der Regen; der „Bücherwurm"; Nicks Meditation über den Traum.

Kontraste: Gatsbys Haus vor und nach dem Mord; das Verhalten von Nick im Gegensatz zu Gatsbys „Freunden"; Gatsbys Traum und sein Ende.

2.3 Aufbau

Romantyp und Konstellation

Der Roman ist ein dramatischer „**Fi-gurenroman**"[33]. Durch die innere Veränderung des Erzählers Nick Carraway wird er auch ein „**Entwicklungsroman**".

In der **Figurenkonstellation** stehen drei weibliche Figuren (Daisy, Jordan, Myrtle) drei männlichen Figuren (Tom, Gatsby, Nick) gegenüber. Das **Interaktionselement** zwischen beiden Gruppen ist die Liebe in verschiedenen Variationen und Komplikationen.

Die **Intraaktionselemente** innerhalb der männlichen und der weiblichen Gruppe sind ebenfalls ambivalent, nämlich Freundschaft oder Rivalität in verschiedenen Ausprägungen. Die vierte männliche Figur, Wilson, ist durch Passivität und Randständigkeit charakterisiert. Es ist dramatische Ironie, dass gerade er zu Gatsbys Mörder wird.

An Gatsbys Vergangenheit und Gegenwart wird der **Grundkonflikt** dramatisiert: **Traum und Wirklichkeit, Schein und Sein, Verantwortung und Gleichgültigkeit.**

Variationen

Der Aufbau des Romans ist bestimmt von der Position des Erzählers. Die Geschehnisse werden von ihm in weitgehend **chronologischer Folge** mit wenigen „umgestellten" Teilen erzählt.

Die einzelnen Kapitel haben einen in sich geschlossenen Spannungsbogen, der auf einen **narrativen** (= **erzählenden**) **Teil** jeweils einen oder mehrere **szenische** (= **dialogische, dramatische**) **Teile** mit **ansteigender Spannung und Höhepunkten** folgen lässt. Die **Entspannung** des Abschlusses hat wieder narrativen Charakter, bestehend entweder aus

---

33 Vgl. Wolfgang Kayser, *Entstehung und Krise des modernen Romans* (1954).

Erinnerungen oder Beschreibungen und Reflexionen. Es ist bemerkenswert, dass alle Abschlüsse der Kapitel **Abend- und Nachtbilder** sind.

Der Spannungsbogen des Romans ist symmetrisch um das zentrale Kapitel V komponiert, das die Wiederbegegnung des zuvor getrennten Paares und damit einen emotionalen Höhepunkt enthält. Anfang und Ende des Romans korrespondieren miteinander als Erzählrahmen:

Strukturen

Kap. V

In der Dreieckskonstellation mit Nick bildet das Treffen von Gatsby und Daisy den Höhepunkt. Eingeleitet wird dieses Kapitel mit dem Bild des hell erleuchteten Hauses; es wird abgeschlossen mit dem Bild der beiden Personen, die einander in der Dunkelheit lauschen. Doch in die Entspannung und Harmonie mischt der Erzähler eine Ahnung von Entzauberung und Enttäuschung.

Kap. IV und Kap. VI

Beide Kapitel haben einen langen narrativen Vorlauf, beide enthalten Berichte über Daisys und Gatsbys Vergangenheiten und Gegenüberstellungen Gatsby – Tom.

Kap. III und Kap. VII

Beide Kapitel korrespondieren als These und Antithese. Das detaillierte Farb-, Klang- und Personengemälde der Partys in Kap. III findet eine negative Entsprechung in dem Ausbleiben dieser Ereignisse und der deutlichen Veränderung der Atmosphäre in Kap. VII. Gatsbys Hoffnung, Daisy möge auf seinem Fest erscheinen, lässt ihn in Kap. III aufmerksam im Hintergrund bleiben. Zugleich leitet er das Treffen mit ihr ein. In Kap. VII ist aus der Begegnung eine erneute Beziehung geworden. Gatsby scheint sein Ziel fast erreicht zu haben. Im Verlauf des Kapitels folgt der zweite Höhepunkt des Romans, der zugleich die Krise auslöst.

Die Kapitel haben mindestens zwei Spannungshöhepunkte: in Kap. III das Zusammentreffen Nick – Gatsby und der Autounfall in Gatsbys Nähe, in Kap. VII die Konfrontation Tom – Gatsby und die auf den Autounfall bezogene Szene.

Kap. II und Kap. VIII

Beide Kapitel entsprechen einander in der Ausführung der Nebenhandlung um die Wilsons. Der in Kap. II kurz erscheinende und später verächtlich kommentierte George Wilson wird zur Zentralfigur, einem verzweifelten, blinden Rächer. Das Halsband für den in Kap. II gekauften Hund ist in Kap. VIII Symbol für Myrtles anderes Leben und ihre Untreue. In beiden Kapiteln ist Nick Begleiter in einer Problemsituation. Die scheinbare Harmlosigkeit der Liebesaffäre (Kap. II) wird kontrastiert mit Wilsons Verzweiflung (Kap. VIII). Die Höhepunkte in Kap. II sind emotionale Momente: Myrtles Erinnerung an ihre Begegnung mit Tom und ihre spätere Provokation. Der Spannungsbogen in Kap. VIII enthält vier emotionale Höhepunkte, die Gatsby, Nick, Wilson und schließlich wieder Gatsby betreffen.

Kap. I und Kap. IX

Der letzte Satz in Kap. VIII leitet über zu der Hektik und Depression zu Beginn von Kap. IX. Alle Figuren werden noch einmal im Licht des Todes und der Bestattung gezeigt und gewichtet. So entspricht in Kap. IX Nicks neue Erfahrung seinem Eindruck in Kap. I. Daisy und Tom entziehen sich, was ihrer Egozentrik in Kap. I entspricht. Alle Figuren

des ersten Kapitels erscheinen am Ende als menschlich ent-
täuschend. Das Scheitern ist das einer ganzen Gesellschaft.
Im Gegensatz dazu ist der Vater Gatz durch seine naive
Treue zu seinem Sohn menschlich und rührend; zugleich ist
auch er blind für Gatsbys wahre Vergangenheit. Er kommt
wie ein Bote aus dem Westen, wohin Nick zurückgehen
wird.

**Der Ich-Erzähler Nick erinnert im Jahr 1924 die Ereig-
nisse um Gatsby, die sich zwi-
schen Frühjahr und Herbst 1922**   Erzählte Zeit
abspielten. Anfang und Ende werden nicht genauer datiert;
Nick scheint sich im April/Mai in West Egg einquartiert zu
haben, denn es war warm, und das Vorgefühl eines neuen
Sommers belebte ihn. Im Spätherbst nimmt er Abschied von
West Egg. Ende Oktober, am Ende seiner Zeit im Osten,
begegnet er dann Tom Buchanan zufällig in New York. Bei
dieser Begegnung befragt er ihn zu den Hintergründen von
Gatsbys Ermordung, die etwa zwei Monate zurückliegt.
Toms Reaktion bewirkt, dass Nick sich endgültig von diesen
Menschen löst. **Nicks Beziehung zu Daisy und ihrer Welt
spielt sich ab zwischen Juni und Oktober 1922.**
Nicks Geschichte und Daisys frühere Beziehungen zu Gatsby und zu Tom Buchanan werden u. a. in den Kap. I und IV
durch einen **vertikalen Schnitt in die erzählte Zeit** einge-
fügt.
Die von Nick erzählte Zeit ist nicht völlig identisch mit
der **erzählten Zeit des Romans:** Diese ist umfassender und
bezieht die Erzählersituation mit ein. Auch wenn die Zeit
zwischen den Erlebnissen des Jahres 1922 und der Jetzt-Zeit
des Erzählers, 1924, durch diesen nicht konkret ausgefüllt
wird, so ergänzt der Leser sie unbewusst.
Kurz nachdem Nick seine Bekannten Daisy und Tom wie-

dergesehen hat, wird er zu Gatsbys Party eingeladen. Im Kap. VIII, am Tag nach dem dramatischen Höhepunkt zweier Handlungsstränge, der auch einer der heißesten Tage des Sommers war, verlässt Nick seinen Freund Gatsby, um zur Arbeit zu fahren. Er erinnert sich beim Fortgehen an jenen Abend „drei Monate zuvor", als er zum ersten Mal in seinem Haus war. Er wird Gatsby nicht lebend wiedersehen.

Nick umfasst mit seiner Bemerkung drei Monate, in denen er Gatsby nahe gekommen ist. Damit wird der Handlungskern auch zeitlich auf Gatsby bezogen: Im Frühsommer steht die Abfolge von Gatsbys Festen im Zentrum von Nicks Wahrnehmung. Ende Juli wird er von Gatsby nach New York mitgenommen und versteht langsam, welchen illegalen Geschäften Gatsby seinen Reichtum verdankt (Kap. IV). Dann schließt sich das von Nick vermittelte Wiedersehen Gatsbys mit Daisy an, dem Wochen der neuerlichen Affäre zwischen den beiden folgen. Sie endet einige Wochen später mit Gatsbys Tod.

Gatsbys Vergangenheit und die Geschichte seiner Liebe zu Daisy werden durch Einschübe an die Oberfläche geholt: Zu den wenigen Monaten des Jahres 1922, die von Nick erzählt werden, stehen die wenigen Wochen der Begegnung von Daisy und Gatsby fünf Jahre früher, 1917, in mehrfacher Beziehung. Die Atmosphäre und die Ereignisse jener Zeit werden teils von Jordan Baker erzählt (Kap. IV), teils von Nick nach Gatsbys Erinnerungen wiedergegeben und interpretiert (Kap. VII).

Darunter existiert eine weitere Handlungsebene, die dem Jugendlichen James Gatz, der sich Jay Gatsby nannte, auf seinem Weg folgt. Dieser Zeitabschnitt des 17-Jährigen am Beginn eines fünfjährigen „Bildungsweges" wird von Nick resümiert und antizipierend erzählt (Kap. VI), um ein Gegengewicht zu den Spekulationen über Gatsby zu schaffen. Die Bestätigung einer noch weiter zurückliegenden, aber für den Charakter Gatsbys so entscheidenden Zeitebene wird durch den Vater Gatz eingebracht, als dieser zur Beerdigung seines Sohnes eintrifft. Er verweist voll Stolz auf dessen Eintragungen in ein Notizbuch im Jahr 1906, mit denen sein Sohn sich erzog, um seinen Weg zu machen.

2.4 Personenkonstellation und Charakteristiken[34]

Biografische Daten

1890	Geburt von James Gatz in North Dakota
1892	Geburt von Nick Carraway
1899	Geburt von Daisy Fay
1906	„Gedankenbuch" des „Jimmy" Gatz; seine Lehr- und Wanderjahre beginnen.
1907	Nach einem kurzen College-Aufenthalt begegnet der 17-Jährige zufällig Dan Cody, ändert seinen Namen zu Gatsby und begleitet Cody auf seinen Bootsfahrten bis zu dessen Tod 1912.
1917	Nick geht in den Krieg; Gatsbys Liebesaffäre mit Daisy; er geht in den Krieg in Europa, wird ausgezeichnet.

1919	Gatsby in Oxford	Daisy heiratet Tom Buchanan, Flitterwochen. Gatsby kehrt im Sommer in die USA zurück; im Herbst ist er mittellos in New York; Beginn seiner Beziehung zu Meyer Wolfsheim.

1920	Gatsby kauft seinem Vater ein Haus in Minnesota. Geburt von Pammy Buchanan
1922	Die Buchanans lassen sich in East Egg nieder. Im Frühling kommt Nick nach Long Island; im Juni trifft er Daisy und Tom. Er lernt Jordan, Gatsby, die Wilsons kennen. Im Juli Fahrt nach New York, Gatsbys Treffen mit Meyer Wolfsheim, Jordans Bericht. Am 21. Juli kommt Daisy zu Nicks Haus, ihr Wiedersehen mit Gatsby. Im August kommt Daisy mit Tom

---

34 Siehe auch Kapitel 2.3/2.6 dieser Erläuterung.

zur Party, kurz danach Ende der Partys. Anfang September, Sonntag, am heißesten Tag Fahrt der gesamten Gesellschaft nach New York, Nicks 30. Geburtstag. Konfrontation Tom – Gatsby. Unfall und Myrtles Tod. Am Montagnachmittag Gatsbys und Wilsons Tod. Nicks Betreuung von Gatsbys Angelegenheiten, Bestattung Gatsbys am Donnerstag. Zu Herbstende verlässt Nick West Egg.

1923   Nick beginnt die Abfassung seiner Erinnerungen.
1924   Nick schließt seine Erinnerungen ab.

Beziehungen des Erzählers Nick:
Daisy ist seine Kusine.
Tom war wie er in New Haven.
Jordan fasziniert ihn.
Gatsby wird sein Freund.

Paare: Heimliche Beziehungen:
Daisy und Tom Buchanan   Tom und Myrtle /
Nick Carraway und   Daisy und Gatsby
Jordan Baker
George und Myrtle Wilson

Charaktere
Nick Carraway
ist der fiktive Ich-Erzähler in der Rolle des Beobachters, des Beteiligten und schließlich des Chronisten. Sein Name weckt Assoziationen: „Care" = sorgen und „carry away" = wegtragen. Er erkennt im Rückblick auf die Ereignisse, dass Haltungen wichtiger sind als Worte, Erfahrungen wichtiger als Prinzipien. Nick ist der Protagonist im Hintergrund. Er be-

Protagonist im Hintergrund

stimmt nicht die Ereignisse, aber den Bericht. Er verfügt über die meisten Beziehungen und die besten Kenntnisse, obwohl er sich seinem Temperament und seiner Erziehung entsprechend in allem zurückhält. Gerade darum wird ihm von allen Seiten Klatsch und Intimes anvertraut. Gerade 30 Jahre alt geworden, setzt er durch seine Haltung nach Gatsbys Tod ein Zeichen gegen die Vernichtung („holocaust" = Blutopfer) und die Gleichgültigkeit.

Seine Beziehung zu der manipulativen Jordan Baker, seine Phantasien beim Durchstreifen der Straßen im abendlichen New York (Kap. III), seine selbst gewählte Einsamkeit zeigen seine Emotionen und weisen auf **Parallelen zu Gatsby hin. Beide sind etwa 30 Jahre alt, stammen aus dem Mittleren Westen und waren im Krieg in Europa. Beide sind nach New York gekommen, um ihren Traum zu verwirklichen. Beide sind ohne Misstrauen und verhalten sich loyal.**

Jordan Baker

verkörpert für Nick eine arrogante Lässigkeit, die ihn verwirrt und reizt. Sie kann sich alles leisten, weil sie mit der Gutmütigkeit und der Höflichkeit der anderen rechnet. **Jordan ist eine zweidimensionale Person ohne Tiefe und Entwicklung. Genau das ist aber auch ihre Grundhaltung: Sie legt sich nicht fest, sondern laviert sich durch.**

Tom Buchanan und Daisy

sind seit etwa drei Jahren verheiratet und haben eine kleine Tochter. Er hat sie mit Geld und Selbstbewusstsein im Sturm erobert, sie aber kurz nach der Ehe betrogen. Sie haben ein reiches Nomadenleben geführt. Jetzt hat er eine Geliebte, was nur Daisy nicht zu wissen scheint bzw. nicht wissen will.

Tom

ist die Kontrastfigur zu Gatsby, dessen Gegenspieler (Antagonist) er dann

Kontrastfigur zu Gatsby

auch wird. Er erscheint direkt und indirekt charakterisiert in den Kapiteln I, II, VI, VII.

Tom wird eingeführt als überheblich und unabhängig, da er von seinem Reichtum leben kann. Er verhält sich gleichgültig und ungeduldig und neigt zu physischer und verbaler Aggression. Er behandelt Daisy nachlässig und manipulierend. Er ist intellektuell beschränkt und setzt rücksichtslos seine Interessen durch. Er hat Angst vor Veränderungen und lässt keine zu. Trotz seiner Sportlichkeit hat er keinen Sportsgeist. Er provoziert, statt zu argumentieren, er beansprucht und benutzt Menschen, ohne ihnen treu zu sein. Statt Trauer zeigt er Selbstmitleid, statt Erschütterung Indifferenz.

Arroganz und Vorurteile kennzeichnen die Haltung des „aristokratischen" Reichen, Verbindlichkeit und Großzügigkeit die des neureichen Gatsby.

Daisy

hat den jungen Leutnant Gatsby in ihrer Heimatstadt kennen gelernt. Es war eine euphorische Epoche voller Möglichkeiten und Träume. Sie wurde Toms Frau, weil Gatsby nicht da war und sie eine Wahl treffen musste. Gatsbys Brief erschütterte sie, ohne sie umzustimmen. Im Gegensatz zu ihrer Selbstdarstellung ist Daisy nicht naiv, sondern nutzt geschickt und realistisch ihre Chancen. Sie erscheint zart, ist aber zäh und manipulierend. Sie ist äußerlich modisch, innerlich aber konventionell. Ihr Handeln folgt einem primitiven Darwinismus: Sie war enttäuscht über die Geburt ihrer Tochter, die hübsch und dumm sein sollte, damit sie eine Chance in der Gesellschaft habe. Sie ist ihrem Mann wegen seiner Durchsetzungsfähigkeit gefolgt. Sie folgt ihm auch in der Krise. Daisys Gefühl für Gatsby

Sentimental und exzentrisch

ist sentimental und exzentrisch. Sie liebt seine besondere Liebe, vor allem, weil sie von Tom gekränkt und provoziert wurde. Gatsbys Idealisierung ihrer Person erhöht ihr Selbstbewusstsein und ihren Wert in Toms Augen.

Sie lässt Gatsby in seiner Illusion, weil sie ihn braucht. Zugleich setzt sie sich über ihn hinweg. Weder Tom noch Daisy durchlaufen eine Entwicklung. In der Krise und der Katastrophe werden ihr Egoismus und ihre Verantwortungslosigkeit offenbar. Beide entsprechen einander und bleiben zusammen.

George Wilson

ist das Endprodukt der gnadenlosen Wettbewerbsgesellschaft: Seine Energien sind verbraucht, und er wird wie Abfall behandelt. **Myrtle**, deren Vitalität einen aggressiven Kontrast zu ihrem Mann bildet, will mit Toms Hilfe das graue Tal hinter sich lassen. Das paradoxe Verhältnis zwischen beiden zeigt sich auch in ihren Lebensträumen: Wilson will mit Myrtle in den Westen gehen, Myrtle erwartet eine Zukunft im Westen mit Tom. Wilson versucht Myrtle zu halten, indem er auf die riesigen leeren Augen der Reklame weist, die er als die Augen Gottes deutet. Er appelliert an Myrtles Gottesfurcht, obwohl er selbst den Glauben längst verloren hat. Mit seiner letzten Kraft will er den Tod seiner Frau rächen, die ihn doch gedemütigt und getäuscht hat.

Wilson ist ein Charakter, der sich entwickelt und für Gatsby zum Schicksal wird. Er ist zunächst der typische „underdog". Der Tod

Der typische „underdog"

seiner Frau zerstört seinen Lebenstraum und macht ihn zum blinden Rächer. Die Ironie liegt in der Diskrepanz zwischen seiner verzweifelten Entschlossenheit und seiner unveränderten Manipulierbarkeit durch Tom.

Dieser Verlierer zeigt einige ironische Parallelen zu Gatsby: Seine unerschütterliche Fixierung auf seine Frau, seine gesellschaftliche Stigmatisierung und seine naive Hartnäckigkeit entsprechen wesentlichen Zügen in Gatsby. Beide sind Opfer von Menschen wie Tom. Statt das zu erkennen, werden sie einander zu Opfern.

Gatsby

Abweichungen der direkten (expliziten) Charakterisierung von der indirekten (impliziten) Charakterisierung

Gatsby: Meinungen und Spekulationen

gehören zur Personenkonstellation. Sie wecken Aufmerksamkeit für die Brüche und Missverständnisse und für die interpersonalen Beziehungen. Je größer die Abweichung, desto dramatischer ist die Position der Figur.

Im Fall von Gatsby begleiten sie die Handlung, erhöhen die Spannung und schaffen eine magische Aura um die Hauptperson. In einem Drittel des Romans, den ersten beiden und dem letzten Kapitel, tritt Gatsby nicht als Person auf. Aber er ist indirekt präsent in den Fragen, dem Reden und Nachdenken. Durch Nicks Bericht wird **Gatsby der Protagonist im Vordergrund**.

In den ersten Kapiteln schaffen Meinungen und Spekulationen die Umrisse eines geheimnisvollen Außenseiters mit mächtigen, undurchsichtigen Beziehungen. Nick dagegen hatte ihn erstmals wie einen Schatten im Dunkel gesehen und beobachtet, wie er die Arme nach dem grünen Licht ausstreckte, zitternd vor Bewegung. In diesem Moment hat er erstmals und als Einziger Gatsbys Sehnsucht wahrgenommen, ohne die Zusammenhänge deuten zu können. Aus den Widersprüchen wächst auch Nicks Interesse für Gatsby.

Als Leitmotiv ziehen sich durch die Kapitel I–VI schwere Verdächtigungen: Gatsby wird als deutscher Spion, Verwandter des deutschen Kaisers oder gar als Mörder gesehen. Seine Gäste bedienen sich und misstrauen ihm gerade wegen seiner Großzügigkeit (Kap. III), umso mehr, als seine Zurückhaltung im Gegensatz zu dem üblichen Egoismus steht. Die Party-Gerüchte gelangen schließlich an die Presse (Kap. VI).

Tom Buchanan äußert als Gatsbys Gast ebenfalls Misstrauen und bezeichnet ihn als Alkoholschmuggler. Später setzt er seine Anklage gegen Gatsby gezielt ein, um Daisy zu schockieren. Er macht Andeutungen, dass Gatsbys Vergehen schwer wiegender sind als illegale Alkoholgeschäfte. Während Nick zuvor beobachtete, dass Gatsby die Gerüchte nicht beachtete, ist Gatsbys Gelassenheit dahin, als Tom ihn vor Daisy denunziert und damit sein Image kühler Unverwundbarkeit zerstört (Kap. VII). Er denunziert Gatsby noch einmal, als er Wilson auf seine Spur setzt, um ihn loszuwerden und sich damit vor seiner Rache in Sicherheit zu bringen. Meyer Wolfsheim, der doch Gatsby „gemacht hatte", wie er behauptet, lehnt es ab, ihm die letzte Ehre zu erweisen (Kap. IX).

Die vielen Stimmen zu Gatsby unterstreichen die Auffälligkeit und Widersprüchlichkeit seiner Person. Sie lassen sein Bild zwischen den Extremen des Mörders und des Märtyrers, des kriminellen Dealers oder Maklers großen Stils und des generösen Mäzens, des romantisch Liebenden und des kühl Handelnden schwanken. Nick relativiert und interpretiert Gatsbys Weg. Er macht in seinem melancholischen Abschied von West Egg auch deutlich, dass in Gatsby eine große Kraft und ein großer Glaube an die Zukunft lebten, die sinnlos vertan wurden, weil sie auf der Beschwörung der Vergangenheit basierten, und tragisch endeten, weil sie auf ein unmoralisches Umfeld trafen.

Gatsby ist immer hell gekleidet und umgeben von kühlem Glamour. Er hat eine Licht- und eine Schattenseite: Im Dunkel wird er zum ersten

> Kontraste und Paradoxien: Licht und Dunkel / Kühle, Wärme, Kälte

Mal von Nick wahrgenommen. Das grüne Licht am jenseitigen Ufer leuchtet ihm erst in der Dunkelheit. Im Geheimen trifft er aber auch seine geschäftlichen Entscheidungen. Das Dunkel um Gatsby ist mehrdeutig: Es ist positiv zu werten als Ausdruck seiner Innenwelt und als romantisches Motiv. Es ist negativ zu werten als Ausdruck seiner dubiosen Geschäfte.

In der Hitze des Sommers ist Kühle im Roman positiv assoziiert. Sie ist gleichbedeutend mit Selbstkontrolle und Unverwundbarkeit. Gatsby hat eine einzigartige „Coolness" entwickelt, die ihn wie eine Rüstung nahezu undurchsichtig und unverletzlich gemacht hat. Daisy ist daher beeindruckt von dem „neuen" Gatsby. Sie liebt dieses Image, lehnt aber erschrocken ab, was heiß und dunkel in ihm ist: Seine Passion, seine Erwartung, seine wilden Partys und seine illegalen Geschäfte.

Gatsby selbst erinnert sich ungern an die „heiße" Armut. Doch darin liegt auch die Wurzel zu seinem Aufstieg und für die aufmerksame Wärme seines Lächelns, das ihn von den anderen kalten Menschen unterscheidet.

Toms Entschlossenheit, Gatsby zu Fall zu bringen, ist kalt und gezielt. Diese Kälte zerbricht Gatsbys scheinbar unverletzliche Rüstung.

Gatsbys Reichtum und Einsamkeit

Gatsby hat alles investiert, um anerkannt zu werden. Sein Angebot der Freundschaft wird so weit angenommen, wie es Vorteile bringt. Die Gesellschaft versagt ihm jedoch die Achtung und bleibt ihm den Dank schuldig. Diese Haltung wird dadurch verstärkt, dass Gatsby nur gibt und nichts zu erwarten scheint, dass er sich auch in seinem Haus zurückzieht und seine Sicherheitsstrategie des Einzelgängers nicht aufgibt.

Durch sein Geld hat er scheinbar alles unter Kontrolle. Seine naive Begeisterung für das Überdimensionale und die große Geste zeigt ihn als Produkt einer armen Kindheit und einer Gesellschaft, die Superlative anbetet.

Im Gegensatz zu dem „unverwundbaren" Tom hat Gatsbys frühe soziale Deklassierung ihn strebsam und erfolgreich, aber auch sozial gehemmt und einsam gemacht. Gatsby ist nahezu unsichtbar auf seinen eigenen Partys. Er hat Angst vor dem Wiedersehen mit Daisy, obwohl und weil er seit Jahren nichts so ersehnt und angestrebt hat. Dabei ist er schon durch viele andere Feuer des Lebens gegangen. Aus Angst, abgelehnt zu werden, erscheint er selbst ablehnend. Diese Maske fällt erst, als Daisy die Fassade verliert und weint. Seine kontrollierte Distanz wandelt sich zu entspanntem Glück (Kap. V).

Auch Nick gegenüber verhält Gatsby sich anfangs als jovialer Gönner. Er möchte immer geben und hat Angst, etwas zu erbitten, um nicht schwach zu wirken. Er ist kontrolliert, distanziert und braucht doch einen Freund. Vom ersten Moment ihrer Begegnung an spürt Nick Gatsbys Zutrauen. Der kühle Geschäftsmann sucht seine Freundschaft, aber er gefährdet sie, wenn er meint, ihn kaufen zu können. Gatsby scheint persönliche Bedürfnisse und aggressive Reaktionen durch frühe Selbsterziehung völlig verdrängt zu haben, aber Nick lernt, hinter seine glatte Maske zu sehen. Deutlichster Ausdruck ist Nicks Urteil, dass Gatsby, eigentlich eine Anti-Figur für ihn, als Einziger seinen Erwartungen standhalten kann und alle seine anderen Bekannten „in die Tasche stecke".

Gatsbys höfliche Sprache enthält überholte Floskeln, z. B. die Anrede „old sport". Er hat in Europa, u. a. in **Gatsbys Anspruch und Wirklichkeit** Oxford, einen traditionsreichen Lebensstil kennen gelernt, den er nun kopiert. Wie ein englischer College-Absolvent und Landadeliger besitzt er eine schöne alte Bibliothek und ein Musikzimmer. Er lädt Menschen ein, sich daran zu bedienen. Er selbst hat weder die Bücher gelesen noch je das Klavier gespielt. Alle neuen Attribute der Weltläufigkeit wirken in seinem jetzigen Umfeld anachronistisch und eigenartig. Also macht ihn auch sein neuer Reichtum zum Außenseiter.

Für Gatsby ist der Reichtum Zeichen seines Erfolges und repräsentative Hülle. Er liebt Daisy als seine Verkörperung und ihre Stimme als „Stimme voller Geld". Tatsächlich liegt in seiner Verehrung für sie als den „Gral" auch die Verehrung des „goldenen Kalbes". Damit ist Gatsby ein Abbild der Gesellschaft, die materiellen Erfolg über alles stellt.

Im Tod zeigt sich die Nichtigkeit seines Besitzstrebens. Gatsby **ist** der im Tod von fast allen verlassene Außenseiter. Nur sein Vater Gatz, von dem er sich durch seinen Lebensweg so sehr entfernt hatte, und Carraway, der erst jetzt zu seinem Freund geworden ist, werden Gatsby in ihrer Haltung und ihren Erinnerungen gerecht.

Gatsbys Weltbild ist anachronistisch, widersprüchlich und subjektiv, es ist „romantisch". Er selbst wird wegen seiner Treue zu seinem Ideal, wegen seiner Einsamkeit und verborgenen Sehnsucht und schließlich auch wegen seines frühen Endes zu einer „romantischen" Figur. In seinem Scheitern und Sühnetod verbinden sich romantische und religiöse Elemente.

Er ist von den Mythen der Vergangenheit fasziniert („american dream", „the king's daughter") und liebt den Fortschritt. In seinem Weltbild hat die Verlobung mit einem „decent girl" die Bedeutung eines quasi religiösen Gelöbnisses. Daisy hat er den Platz des Lebenstraumes gegeben und immer daran festgehalten. In seiner Unerschütterlichkeit liegt seine Größe und Tragik.

Sein Ende beruht auf einem Irrtum und ist doch folgerichtig: Er wird für ein Verbrechen bestraft, das er nicht begangen hat und sühnt zugleich für seinen falschen Traum, für seine Fixierung auf Daisy und seinen Mangel an Verantwortung für das Opfer des Unfalls. Doch sein Tod hat auch **stellvertretenden** Sühnecharakter: Er stirbt für die eigentlich Schuldigen, Tom und Daisy.

2.5 Sachliche und sprachliche Erläuterungen

Wortfelder

The American Dream: Declaration of Independence: "All men are created equal", "Pursuit of happiness", democracy, individual freedom, religious liberty, social equality

Puritanism: Covenant with God, social responsibility, success as sign of God's favour

The Twenties, an ambiguous decade: Hope of a new golden age: boom years, cinema, jazz, automobiles, literature, inventions, progress, success

Disillusionment: prohibition, violence, crime, scandals, hysteria, panic, isolationism

The *novel*	*The Great Gatsby* is a dramatic novel.
A character is a hero / heroine / protagonist / antagonist / opponent / confidant (Vertrauter)	Gatsby, the hero or protagonist, is attacked by Tom, his antagonist. Nick is the confidant.
A dramatic novel has a structure: an exposition / a rising action / a conflict / a climax / a crisis, turning-point / a falling action / a dénoument (= Lösung)/ a cata-	The structure of the 9 chapters: exposition (I) rising action (II, III, IV), climax, turning-point (V), falling action (VI), catastrophe (VII, VIII), un-

strophe / a tragic ending / an open ending, unhappy ending.	happy ending (IX).
A flaw (= Fehler) in the hero causes his ruin: pride, ambition, impatience etc.	Gatsby's flaw is his lack of realism about Daisy, his 'romantic belief'.
A novel has a main subject / a theme (= Thema).	Themes are: Idealism and materialism; the failure of the 'american dream', illusions
a prologue, an epilogue, a frame	Ch. I (prologue), IX (epilogue) are a frame.
action, main action	The action is about a rich outsider's life, love and relationship to the rich society.
An event brings the hero's downfall / tragic fall / misfortune (= Unglück)	The accident and its consequences cause Gatsby's misfortune.
anticipation (= Vorwegnahme)	Nick anticipates Gatsby's fate (= Schicksal) (I).
atmosphere	The author creates an atmosphere of longing, wonder, hysteria, sadness.

author, writer, novelist	Fitzgerald was a gifted writer, the author of several 20th century novels.
bewildered / amazed / impressed	Nick (IV) ist verwirrt, verwundert.
bewildered / serious / reasonable / reliable	Nick ist verwirrt, vernünftig, zuverlässig.
bitter / depressed / disappointed / pessimistic	Nick (IX) ist bitter, enttäuscht, deprimiert.
characters, main c., minor c. / male (= männlich), female (= weiblich)	Nick and Gatsby are the main male c., Wilson is a minor male c.
confident / boisterous / selfish	Gatsbys Gäste verhalten sich selbstbewusst, laut, egoistisch.
connotation (= Konnotation, Mitbedeutung)	The connotation of 'white' is beauty, perfection, purity (= Reinheit).
direct (explicit), indirect (implicit) characterization	First Nick characterizes Gatsby directly (I), later indirectly by his behaviour.
doubtful / insecure / uneasy / apprehensive, fearful / confused	George Wilson ist zweifelnd, unsicher, unglücklich, furchtsam, verwirrt.

enthusiastic / thrilled / extravagant	Myrtle Wilson ist begeistert.
initiation (= Einführung)	Nick is initiated into the upper classes.
monologue, soliloquy (= Monolog), dialogue	Nick's monologue (I), soliloquy (end of IX)
narrator, observer-narrator (= beobachtender Erzähler)	Nick is the first-person narrator, an observer. He is not an omniscient (= allwissend) narrator.
point of view (= Erzähl-Standpunkt): limited, personal p.o.v., 'double vision'	The events of the summer are told from Nick's personal point of view.
prediction / foreshadowing (= Voraussage, -deutung), to foreshadow	Gatsby's first appearance in the dark foreshadows his situation
retrospect (= Rückblick)	Gatsby's life story is shown in retrospect.
revelation = Enthüllung	Tom's revelations harm Gatsby.
selfish / superficial / snobbish / extravagant	Daisy ist egoistisch, oberflächlich.

setting	The action is set in <u>postwar</u> <u>New York</u> and covers some months of <u>1922.</u>
shy / considerate / polite / ambiguous / ambitious / competitive	Gatsby ist schüchtern, rücksichtsvoll, höflich, undurchsichtig, ehrgeizig.
supercilious / insolent / unscrupulous / indifferent	Tom ist überheblich, stolz, unverschämt, rücksichtslos, gleichgültig.
The action rises / evolves into / precipitates the conflict (= beschleunigt den Konflikt).	The action rises when Nick arranges their meeting and thus precipitates the crisis.
The dialogue indicates the mood / the thought / the attitude (= Der Dialog zeigt die Stimmung, die Gedanken und Haltung).	The dialogue is mostly social interplay, chatting, gossip. Gatsby uses talk carefully for effect.
The plot refers to the chain of events (= Kette der Ereignisse, innere Ordnung).	Plot: It centers on Gatsby's appearance, dream, fame, fulfillment and fall.
tone (= Erzählton): humorous / emotional / tragic / aggressive / sarcastic / depressed / melancholy / emphatic (= nachdrücklich)	Nick remembers events in an ironic, disappointed tone. At the end his tone is more emotional, depressed and emphatic.

traits of character (= Charakterzüge)	Nick's traits are discipline, tolerance etc.

Speech / language

vocabulary: colloquial / sober (= nüchtern) / scientific / symbolic / metaphorical etc.	The language is relaxed and meaningful, sober and metaphorical, has a 'magic' quality.
key-words / key-sentences / key-motifs (= Schlüsselwörter) etc.	Gatsby: 'an extraordinary gift for hope', 'a romantic readiness', 'old sport'
mockery / irony / sarcasm	Tom mocks at Gatsby's pink suit and at his speech. Nick uses irony (II).
hyperbole (= Symbol des Übermaßes) understatement	Gatsby's house and parties are hyperboles. Understatement is typical of Nick.
contradiction (= Widerspruch)	Gatsby's story is full of contradictions.
antithesis (= Antithese)	Reality clashes with Gatsby's dream.
rhetorical question	Tom's questions (VII)

metaphor / image / symbol / simile (= Vergleich)	the green light, the yellow car, the houses, Nick's vision of the past (IX)
enumeration (= Aufzählung)	Nick's guest list contains enumeration.
ambivalence, ambiguity (= Mehrdeutigkeit)	Gatsby's ambivalence is stressed.
allusion (= Anspielung)	Gatsby's dream is an allusion to the Platonic ideal of perfection.

2.6 Stil und Sprache

Die sprachliche Wirkung des Romans liegt in der stilistischen Technik, die **selektiv**, **metaphorisch** bedeutungsvoll, **filmähnlich** sinnlich und konzentriert und durch Erinnerung **reflektorisch** ist.

Die folgenden Beispiele können um viele weitere ergänzt werden.

Selektive Technik

Fitzgerald hat einmal gesagt, dass aus dem ausgelassenen Material ein ganzer neuer Roman geschrieben werden könnte. Dieses ist der Roman des Erzählers Nick Carraway. Sein Bewusstsein und seine Erzählperspektive (Point-of-view) sind bestimmend. Seine Wahrnehmung ist subjektiv und selektiv.

Als Beobachter ist er beschränkt durch seine eigene anfängliche Uninformiertheit und Naivität. Die tendenziösen Informationen, die er aufnimmt, kann er zunächst weder werten noch deuten. Erst im Rückblick gelingt es ihm, in den Bruchstücken einen Zusammenhang zu erkennen und seine Erkenntnis weiterzugeben. Durch die Situation der Erinnerung setzen sich die verschiedenen Ebenen der Handlung aus unterschiedlich genau erinnerten Fragmenten zusammen. Die Darstellung der Ereignisse muss unscharf bleiben, aber der Erzähler bemüht sich explizit um authentische und korrekte Information. Nick konzentriert sich auf die Darstellung von zentralen Erinnerungen in Bildkonzentraten (**clusters**):

Der Sommer ausgelassener Partys wird durch drei Abende dargestellt.

Gatsbys Vergangenheit setzt sich aus wenigen, miteinander nicht verbundenen Erzählfragmenten zusammen.

Die frühere Beziehung zwischen Daisy und Gatsby wird in Ansätzen z. T. sachlich (von Jordan), z. T. emotional (von Gatsby) vermittelt und bleibt daher unscharf und zugleich vieldeutig.

Fitzgerald selbst betrachtete die Unklarheit von Daisys Verhalten nach dem Wiedersehen mit Gatsby als Mangel des Romans.[35] Ihrem Verhalten und ihrer Entscheidung gegenüber Gatsby fehle die emotionale Begründung. Dieses „Loch" macht jedoch Sinn im Zusammenhang der selektiven Darstellung und der „clusters". Daisys Verhalten ist nicht linear logisch, sondern widersprüchlich und brüchig.

Der selektive Stil der „clusters", des „Pars pro toto", der Synekdoche fordert den Hörer (Nick) und den Leser zur Ergänzung des von Jordan und Gatsby Nicht-Gesagten und zur Wahrnehmung kleinster Details und Zwischentöne auf. Beide werden dadurch zu Interpreten des Nicht-Gesagten.

Die Gesellschaftsschichten werden durch Häuser und Orte, das „setting"

Metaphorische Technik

oder ihre Biosphäre, metaphorisch bezeichnet: Das **„Tal der Asche"**[36] ist Symbol nicht nur für die hier lebenden Ausgestoßenen des Fortschritts, sondern für die Verschwendung der menschlichen Ressourcen und Benachteiligungen in den Großstädten der Moderne.

Den Personen werden ebenfalls Metaphern zugeordnet. Die Augen-Metapher betrifft alle. Die **Augen des Dr. Eckleburg** beherrschen scheinbar die Gegend, aber sie sind starr und blicklos. Wilson deutet sie als Augen Gottes, um Myrtle zu bekehren. Alle Personen leiden an zumindest partieller Blindheit. Daisy wählt das Nicht-Sehen von Toms Untreue.

---

35 Brief an H. L. Mencken, 1. Mai 1925, in: A. Turnbull, *The Letters of Scott Fitzgerald*. New York 1963.
36 Hinzuweisen ist auf ähnliche Motive in T. S. Eliots Gedicht *The Waste Land* (1925).

Tom sieht nur die Fassade, nicht den Menschen. Gatsby sieht das Licht, aber nicht die Realität. Wilson ist blind für die Zusammenhänge von Myrtles Tod. Nick sieht erst im Rückblick genauer und gewinnt Einsicht.

Gatsby wird einerseits durch religiöse und philosophische Metaphern ausgezeichnet, andererseits ist auch er teilweise blind. Es heißt, er fühlte sich als Sohn Gottes, nicht als Sohn seiner leiblichen Eltern. **Platonisch** assoziiert ist die Suche nach dem Ideal der Vollkommenheit. Er hatte als junger Mann seinen Namen und seine Vorbilder gewählt, zweifelhafte Personen wie Dan Cody und später Meyer Wolfsheim, Spekulanten und Profiteure. Als er Daisy sieht, macht er sie zu seinem **„Gral"**. Für ihn ist dieser nicht der christlich-magische Kelch, sondern der materielle Inbegriff von Glanz und Schönheit, also äußerer Vollkommenheit.[37] Er lässt sich von Daisys Namen und ihrer Vorliebe für die Farbe Weiß täuschen und sieht in ihr Licht, Reinheit und Klarheit.

Als Gatsby Daisy im Arm hat (Kap. VI), erblickt er über sich die Himmelsleiter, die an die **„Jakobsleiter"**, die Vision des Jakob (Genesis 28) erinnert.[38] Ihm ist klar, dass er seine „platonische Vision", seinen Traum der Vollkommenheit, aufgibt, wenn er sich für Daisy entscheidet. Um sie zu erlangen, wird er „sündig".

Filmähnliche Elemente

Fitzgerald hat durch Überblendungen, Leitmotive und sinnliche Metaphern für emotionale Situationen Elemente des Films benutzt: Am Anfang des vierten Kapitels berichtet der Erzähler wie ein Gesellschaftsreporter ausführlich über die Gäste von Gatsbys Partys. Es folgt eine scharfe Zäsur. Nun beschreibt

---

37 „The Holy Grail" bedeutet im Englischen auch etwas fast Unerreichbares, Einmaliges, Wertvolles.
38 Fitzgerald war von diesem Motiv fasziniert. Er schrieb eine Kurzgeschichte mit dem Titel *Jacob's Ladder*.

Nick die Situation der bevorstehenden gemeinsamen Fahrt nach New York. Statt der Menschen steht jetzt das Auto im Mittelpunkt. Es ist Zentralsymbol und Gatsbys Trophäe. Der Rolls-Royce ist neben seinem Haus Gatsbys andere prächtige „Außenhaut". Im Gegensatz zu Sicherheit und Komfort verrät Gatsbys Körpersprache seine Nervosität. Der Erzähler kann sie nicht richtig deuten, aber der Leser versteht, dass Gatsby ungeduldig und unsicher ist, weil er Nick als Vermittler zu Daisy braucht und eine Bitte nur schwer aussprechen kann. Seine Hände verraten seine unterdrückten Emotionen. Die überdimensionale Größe und Pracht des Autos wird im englischen Original mit den Adjektiven „swollen", „monstrous", „triumphant" unterstrichen. Es wirkt wie ein lebendes Ungetüm aus Glas und Chrom, das die Sonne vielfach spiegelt. Wie ein seltsames Gewächshaus nimmt es die Passagiere in sich auf. Das Auto, das die Festgäste und nun auch Nick transportiert, erregt später Toms Verachtung. Er wird es Wilson zum Spaß anbieten und sein Augenmerk darauf lenken. Nach dem Unfall kann es leicht identifiziert werden.

Das Auto ist Emblem für Gatsbys materiellen Erfolg, für seine Freude an Glanz, Perfektion und Tempo. Das Monströse deutet jedoch negativ voraus auf den Unfall. Sein Auto wird Gatsby ebenfalls zum Verhängnis werden. Die Szene ist trotz der Farbe, Sinnlichkeit und Naivität eingetrübt. Auf der Fahrt wird Gatsby seinen neuen Freund mit den Informationen über sein Leben täuschen.

Als Beispiel seiner **Vision des Ostens nach Gatsbys Tod** (Kap. IX, S. 227 f.) beschreibt Nick ein Bild der Düsternis und der Einsamkeit: Es ist eine Nachtszene wie von El Greco gemalt, Bilder einer Party und eines Unfalls. Die Menschen

Reflexive Elemente

sind festlich gekleidet, aber anonym und ohne Gesichter. Die Männer tragen eine Frau fort, die betrunken und leblos scheint. Nur ihr reicher Schmuck glänzt. Sie ist ein willenloses Objekt geworden, sie hat kein Zuhause mehr. Kälte, Ungastlichkeit und das Dunkel werden durch die abweisende Natur verstärkt. Dieses ist ein Gegenbild zu Gatsbys Partys, zu der verschwenderischen Farbigkeit und individuellen Extravaganz. Das Zitat ist ein Nachtbild über die Menschen, die hier im Osten zurückbleiben.

Daisys weiteres Leben wird angedeutet: Sie kann Gatsbys Tod langfristig nur um den Preis vollkommener Verdrängung übergehen. Unter den achtlosen Menschen wird sie vereinsamen und anfangen zu trinken. Das komplexe Bild hat eine suggestive und albtraumartige Intensität.

Eine **rückwärts gewandte Vision** hat der Erzähler beim Abschied von der Ostküste (Kap. IX, S. 232 f.). Er sieht die Küste in ihrer ursprünglichen Schönheit, weiblich personifiziert, als wunderbares Land, das Träume weckte und die Seeleute der „alten Welt" mit der Fülle der Natur empfing. Das Wunder der ersten Begegnung, das Staunen über die Schönheit währte jedoch nur kurz. Der großartige Kontinent wurde den Träumen der Menschen unterworfen.

Der Erzähler schafft innerhalb eines Satzes einen Bogen von der Gegenwart in die ferne Vergangenheit, der aus den Träumen und Irrtümern der Menschen gebildet wird. Nachdem er Gatsbys Geschichte erlebt hat, dringt sein Blick tiefer in die Geschichte seines Landes. Er versteht Gatsby als modernen Pionier und Entdecker, der zum Staunen und zur Bewunderung fähig war. Der großzügige Kontinent hat jedoch längst seine Unschuld verloren. Auch Gatsby nahm teil an dem Materialismus der Gesellschaft. Seine Pioniertaten waren dunkle Geschäfte, und sein Traum war rückwärts gewandt.

2.7 Interpretationsansätze

Das fiktive Gedichtzitat, mit dem der Roman eingeleitet wird, hätte ursprünglich auch ironisch für den Titel genutzt werden sollen:

Die Romantitel[39]

„Dann trag den Goldhut, wenn der sie entzückt. Wenn du hoch springen kannst, spring auch für sie, bis sie ruft: ‚Liebster, Goldhut tragender, hoch springender Liebster. Du gehörst mir.'"[40]

Der goldene Hut und der hoch springende Verehrer, der stark und geschmeidig und der eigenwilligen Geliebten ganz ergeben ist, fassen bildlich die einstige Liebesbeziehung zusammen. Doch die Handlung entlarvt den Traum als Illusion. Gatsbys Erfolge haben ihn scheinbar zum „golden boy" gemacht; der Glanz seines Besitzes ist verschwenderisch, doch er entkommt dem Trüben und dem Dunkel nicht. Der „hoch springende" Liebende, der alles eingesetzt hat, um die Liebste zu gewinnen, scheitert an seinen Illusionen und an der Desillusionierung durch andere.

Der tatsächliche Titel des Romans, *Der große Gatsby,* ist bewusst doppeldeutig, da er sich auf den durch illegale Geschäfte Erfolgreichen und auf den trotz allen Scheiterns menschlich Überzeugenden beziehen lässt.

---

39 Fitzgerald erwog neben The Great Gatsby mehrere Titel: *Among Ash-Heaps and Millionaires, Trimalchio in West Egg, On the Road to West Egg, Gold-hatted Gatsby, The High-Bouncing Lover* und *Gatsby*. Sein letzter Einfall *Under the Red, White and Blue,* den er kurz vor Erscheinen des Romans seinem Mentor Perkins vorschlug, machte seinen dezidierten Anspruch deutlich, in seinem Roman Amerika repräsentativ zu zeigen.

40 Übersetzung der Verfasserin. Als Autor des Gedichtfragments gibt Fitzgerald Thomas Parke d'Invilliers an. Dieser ist eine Romanfigur aus seinem ersten Roman *This Side of Paradise,* d. h. Fitzgerald selbst hat dieses poetische Vorwort geschrieben.

Der „amerikanische Traum" Alle Personen des Romans erleben die Verlockungen und Enttäuschungen des „amerikanischen Traums" in der scheinbar offenen, demokratischen Gesellschaft. Nur der Erzähler erkennt seine Selbsttäuschung und löst sich schreibend heraus.

Der „amerikanische Traum" ist seit der *Declaration of Independence* und ihrer Formulierung des „pursuit of happiness", der Suche nach Glück als Menschenrecht, zum zentralen Mythos der amerikanischen Geschichte geworden, mit dessen Verheißung Millionen Menschen integriert und zu einer Nation wurden.[41] Die konkrete Ausdeutung des Begriffes ist zeitabhängig und widersprüchlich, aber drei Grundelemente sind zu erkennen:

1) Der „amerikanische Traum" wird zwar mit christlicher Metaphorik verbunden, aber er bedeutet die Verwirklichung eines Ideals im Diesseits.[42]
2) Er weist dem Einzelnen die Verantwortung für sein Schicksal zu.
3) Der Traum fordert Anstrengung, Arbeit, Opfer. Die Suche nach dem Traum ist nie zu Ende.

Der „amerikanische Traum" wurde zum zentralen Versprechen für die „Unglücklichen und Beladenen", zu der unzerstörbaren, inspirierenden Vision für den Einzelnen und die Gesellschaft. Auf die alle verbindende Kraft des Traumes berief sich z. B. Martin Luther King in seiner berühmten Botschaft von 1963 „I have a Dream". Sie enthält die religiö-

---

41 Vgl. u. a. *The American Dream. Myth and Reality.* Kirchner, Kühnel, Raykowski (Hg.). Diesterweg 1982.

42 Der Soziologe Max Weber wies auf die Verbindung zwischen asketischem Protestantismus und kapitalistischem Denken hin.

se Metaphorik, die Vision einer besseren Gesellschaft und die Aufforderung an jeden, sich auf den Weg dahin zu machen.

Die Privilegierten lehnen den Traum ab. Tom Buchanan befürchtet den Verlust seiner Privilegien durch das Versprechen des „amerikanischen Traumes" für alle. Er fürchtet die „Bedrohung" der „weißen" Rasse und Kultur durch die Gleichheit aller (Kap. I, Kap. VII). Im Gegensatz zu Gatsbys Optimismus zeigen die Reichen zynischen Pessimismus als Rechtfertigung ihrer Gleichgültigkeit.

Gatsby dagegen folgte schon als Junge entschlossen seinem Traum. Als er Daisy traf, bekam der Traum ein Gesicht, und er ordnete alles diesem Ideal unter.

Gatsby hat sein Leben auf ein kleines Licht ausgerichtet. Das große Licht des „american dream" sieht er nicht, weil er sich hat blenden lassen.

In das Netz von Täuschungen und Enttäuschungen werden alle Figuren des Romans absichtlich oder unabsichtlich verwickelt.

> Täuschung durch Sinneseindrücke

Dabei spielen Sinneseindrücke eine zentrale Rolle: „Schlüsselreize" von Licht, Farben, Kleidung, Stimmen, Musik etc. lösen Reaktionen, Projektionen und Hoffnungen aus, die letztlich nicht eingelöst werden. Daisys Reaktion auf Gatsby, der „cool" aussieht; Myrtles Reaktion auf Tom, der ihren Arm drückt; Nicks Reaktion auf Jordan, deren Haut golden leuchtet; Gatsbys Reaktion auf Daisy, die weint: Diese und viele andere Sinnesreize führen zu Reaktionen und Handlungsketten. Sie können schicksalhaft sein: Myrtles Täuschung über das Auto bzw. dessen Insassen führt zu ihrem Unfalltod. Daisys Stimme fasziniert Nick genauso wie Gatsby und gibt ihr Macht. Wilson wird durch den Anblick des Hundehalsbandes so aufgewühlt, dass er Myrtle rächen will. Gatsbys Faszination durch das grüne Licht macht ihn blind für die Realität.

Symbolische Orte

Zwei Regionen werden einander gegenübergestellt: der Mittlere Westen, wo Nick und Gatsby ihre Wurzeln haben, und die Ostküste, New York, Long Island, wo die Handlung spielt.

Nick hatte im Osten, in Yale, studiert und dort auch Tom Buchanan kennen gelernt. Seine Vorstellung der offenen, gebildeten Gesellschaft, in der er sich beruflich einen Platz schaffen würde, war mit New York verknüpft.

Der Mythos der „open frontier", der Freiheit und Chancen in der Weite des Landes, inspiriert immer noch die Personen des Romans. Für den Erzähler ist der Westen der Ort seiner Identität. Obwohl Nick seine Herkunft nicht idealisiert, entscheidet er sich letztlich aus moralischer Überzeugung für die Rückkehr in den Westen. Jetzt beklagt er die Wurzellosigkeit der Menschen, die dem Einfluss des reichen Ostens erlegen sind und dabei ihre Seele verloren haben.[43]

Der Westen, in dem Träume entstehen und Energien produktiv werden, ist auch nach seiner endgültigen Eroberung noch immer Kontrastelement zu der Gesellschaft des Ostens. Zwei Orte ragen heraus: **Long Island** und **Manhattan**.

Kontraste der Ostküste

Dazwischen liegt das „**Tal der Asche**".

Fitzgerald hat die fiktiven Namen für reale Orte gewählt: **West Egg** entspricht Great Neck, wo er 1922/23 wohnte. **East Egg** entspricht Manhasset Neck an der Manhasset Bay. Das „Tal der Asche" ist das in den 20er Jahren mit Müll und Asche aufgefüllte Sumpfgebiet von Flushing Meadows.

---

43 Ursprünglich gehörten auch sie der starken, optimistischen Pioniertradition an, die vor allem Walt Whitman in seinen Gedichten so enthusiastisch besungen hat.

Die Handlung vollzieht sich im Wesentlichen auf Long Island. Gatsbys und Wilsons Ende ereignet sich in West Egg, Daisys und Toms Konflikte spielen in East Egg. Das „Tal der Asche" ist Ort eines anderen Ehedramas und eines anderen Todes. Nick nimmt diese Gegend, zunehmend beklommen, vom Zug aus wahr.

In dem mondänen East Egg, jenseits der Bucht, haben die Buchanans seit kurzem ihren Wohnsitz. East Egg gleicht West Egg geografisch wie ein Ei dem anderen, doch die Bewohner von East Egg fühlen sich überlegen und verhalten sich als arrogante Oberschicht. Wenn Gatsby (Kap. VII) nach West Egg weist, um Tom zu zeigen, dass sie nur durch die Bucht getrennte Nachbarn seien, so reagiert dieser darauf abweisend, ein Auftakt der folgenden arroganten Provokationen. Daisys und Toms Haus hat eine unaufdringliche Eleganz, die in ironischem Kontrast zu den Spannungen und der Borniertheit seiner Bewohner steht.

West Egg ist die andere Halbinsel, die im Frühjahr 1922 auf Nick einsam und unberührt wirkt.

Gatsbys Villa neben Nicks Haus ist die protzige Imitation eines französischen Palastes. Damit repräsentiert Gatsby jene Superreichen, die am Ende des 19. Jahrhunderts an der Atlantikküste feudale Sommersitze als Imitationen europäischer Paläste errichten ließen (z. B. in Newport, R. I.). Hier schafft Gatsby mit seinen Partys eine einzigartige Bühne, ein vergängliches Schlaraffenland voll Klang- und Lichtzauber. Die Dimension der Anlage am Meer verstärkt den Eindruck eines Geisterhauses, als die extravaganten Gesellschaften ein Ende haben (Kap. VII, VIII) und es schließlich zu dem verlassenen Schauplatz des Todes wird:

Nach Gatsbys Tod wird West Egg von Nick wie ein düsteres

Bild von El Greco erinnert, das die Schattenseite der einst glänzenden Fassade und des ursprünglichen Landes zeigt.

Manhattan

Für die Karriere geht Nick, wie zuvor auch Gatsby, nach New York, das Zentrum von Geld und „big business". Manhattan ist sein Arbeitsumfeld und scheint ihm wie ein Kontinent voller Kontraste und Versprechungen für die Mutigen. Als er Gatsby in die Stadt begleitet, hat er den Eindruck, dass Gatsby ein solcher Mensch ist. Nick wird jedoch nicht glücklich in New York. Trotz der Großartigkeit der Stadt erlebt und beobachtet er Einsamkeit, Verwirrung und Hektik. Nach Gatsbys Tod ist er vollends desillusioniert von den Menschen, die einst Gatsbys Partner in New York waren.

Den Osten bezeichnet er nun als „haunted", als besessen und verloren.

Das Tal der Asche

Die verlassene Gegend an einer vielbefahrenen Straße zwischen Long Island und Manhattan, an der auch die Eisenbahnlinie entlang führt, wird als riesige Aschenfarm beschrieben. Hierher kommt der Abfall der Kohle, der verbrauchten Energie der Stadt. Aschenstaub und graue Wolken haben sich auch auf die Menschen gelegt. Nach der Beschreibung von leuchtender Natur, hellen Farben und dem Kontrast von Sonne und Dunkelheit (Kap. I) ist die hier beschriebene Abwesenheit von Farbe und damit von Leben besonders eindringlich. Die von Nick beobachtete Zerstörung von Menschen und ihren Beziehungen hat ihren stärksten symbolischen Ausdruck in dem „Tal der Asche" gefunden.[44]

---

44 Die Metapher erinnert an die ebenfalls in der Nachkriegszeit geschriebenen Gedichte von T. S. Eliot (1888–1965): *The Waste Land (1922)* und *The Hollow Men (1925)*. In: ders.: *Collected Poems 1909–1935*. London: Faber & Faber, [18]1961.

In Fitzgeralds Roman ist der Osten der symbolische Ort, der in den Romanen von Henry James durch Europa repräsentiert wurde: Ort der fragwürdigen Aristokratien, der verfallenden Schönheit, der Verführung und Gefahr. Der Osten ist Synonym für eine reiche, verwöhnte, ziellose Gesellschaft, in der die menschlichen Fähigkeiten verkümmert und Träume zu eitlen Illusionen verkommen sind. An der Ostküste zeigen auch die sozialen Unterschiede das Ende des „amerikanischen Traums".

Gatsby ist ein mittelalterlicher Ritter und ein moderner Jedermann.

Er ist Protagonist der Handlung, der wie ein inspirierter mittelalterlicher

Eine pessimistische Parabel

Ritter auf der Suche nach einem bedeutenden Abenteuer in die Gesellschaft kommt, seiner „hohen Dame" begegnet und ihr von nun an dienen will. Seinen Mut setzt er jedoch auch ein, um die Gesetze zu brechen. Er gewinnt schließlich nicht die Anerkennung für seine ritterlichen Tugenden, sondern für die Glanzstücke seines Besitzes. Er wird nicht einsichtiger, sondern verfolgt hartnäckig seinen falschen Traum.

Der Erzähler vermittelt, dass Gatsby für den amerikanischen Menschen steht, der seinen Lebensweg ehrgeizig und kraftvoll beginnt, der moralischen Dekadenz der Gesellschaft begegnet und an den Widersprüchen zerbricht.

3. Themen und Aufgaben

Die Lösungstipps beziehen sich auf die Kapitel der vorliegenden Erläuterung.

Chapter I

Lösungstipps:

▶ What does Nick's father mean with his advice? Explain Nick's family background. Draw a sketch of the two contrasting buildings. Describe Tom's and the two women's physical appearance and body language. What causes the narrator's feeling of immediate danger? Interpret Daisy's reaction to her child's birth. What about the Buchanans' wife – husband relationship? What is your impression of Nick's attitude in his new life? *Draw a scheme of the places and the people that appear in the first chapter. Collect biographical information about the characters.*

2.2 / 2.4 / 2.5 / 2.7

Chapter II

Lösungstipps:

▶ Draw the billboard according to the description. Compare Myrtle Wilson's gestures and behaviour to her husband's. Describe how the three of them get to the apartment in New York. Describe two of the people invited by Myrtle. Gatsby's name is mentioned: Explain and comment. What attitude toward George Wilson is ex-

2.2 / 2.4 / 2.5 / 2.7

pressed by different people? Describe the violent scene between Myrtle and Tom. How does Nick get home? *Draw a portrait of Myrtle and of her relationships.*

Chapter III

▶ What comments about Gatsby does he hear? Sum up and comment on the scene in the library. Explain what Nick says about Gatsby's smile. What distinguishes Gatsby as a host? Why does the party end in quarrels? Give the facts of the accident near Gatsby's house. Give an account of Nick's new life at work in New York. What is Jordan Baker's part in his new life? *Describe and characterize the society at Gatsby's parties.*

Lösungs-tipps:
2.2 / 2.4 / 2.5 / 2.6 / 2.7

Chapter IV

▶ Find out some striking aspects of Nick's social list of guests. Describe Gatsby's car. Tell Gatsby's version of his life in your own words. Trace their route to New York. Write a portrait of Gatsby's business partner. Describe Nick's encounter with Tom Buchanan. What did Jordan witness of the love affair between Daisy and Gatsby? Why does Nick feel in love with Jordan? *Explain in detail: Nick's fascination with*

Lösungs-tipps:
2.2 / 2.5 / 2.6

Gatsby. Tell Daisy's life according to Jordan's version. Relate it to her behaviour in Chapter one.

Chapter V

▶ What are Nick's feelings about Gatsby's offer? How does Nick get prepared for Daisy's visit? What are Gatsby's preparations? Compare Gatsby's behaviour and Daisy's attitude before their encounter. Show the different phases of tension between the two of them. Show Gatsby's pride and insecurity. Explain the role of the piano-player during the love scene. Interpret the end of the chapter. *Explain Nick's role before and during the encounter of Gatsby and Daisy. Analyze the description of the weather in relation to the emotional situation.*

Lösungs-
tipps:
2.2 / 2.4 /
2.5 / 2.6

Chapter VI

▶ What were the young man's dreams? How did he try to realize them? What did he learn from Dan Cody? What is Nick's part during the last of Gatsby's parties? Describe the atmosphere and the behaviour of one particular guest at that party. What does Daisy seem to enjoy and what does she seem to dislike? Why does Gatsby interpret Daisy's reaction to the party as dis-

Lösungs-
tipps:
2.2 / 2.3 /
2.4 / 2.5 /
2.7

like? How does Nick characterize Gatsby's emotional situation? *Analyze the father image in Gatsby's youth. Interpret the end of the chapter in relation to Gatsby's dreams.*

Chapter VII

▶ What changes about Gatsby's house does Nick report and how are they explained? Compare the description of the two women with that in the first chapter. Compare the atmosphere caused by the telephone call with that of the first chapter. Describe the scene of Daisy introducing her daughter to Gatsby. How does the swopping of the cars come about? Describe the scene at Wilson's garage. What happens until they arrive at the Plaza Hotel? Nick has turned thirty: How does he feel? *Analyze the phases of the confrontation between Tom and Gatsby, Daisy's behaviour during the scene and the effect on Tom and Gatsby. Analyze the drama of Myrtle's death: 1. the facts, 2. the reactions, 3. the structure of the report.*

Lösungs-tipps:
2.2 / 2.4 /
2.5 / 2.7

Chapter VIII

▶ Sum up the facts on the morning after the accident. Characterize Nick's and Gatsby's relationship and parting on that morning. Analyze the last night of their young love

Lösungs-tipps:
2.2 / 2.4. /
2.5

affair. What has happened emotionally between Nick and Jordan? Show the dramatic development in Wilson's emotions and decisions. Characterize the part and the behaviour of Michaelis in this drama. Find out about the way Wilson takes from his home to Gatsby's house. How is the 'holocaust' discovered? *Write an essay on: Gatsby's love and destiny, Wilson's love and destiny.*

Chapter IX

► How do the press and the law deal with the murder case? Explain Nick's feelings about the immediate events then and in retrospect. Show the different reactions of Gatsby's former friends and guests. Describe Mr. Gatz and his reactions to his son's death. What is the image he has preserved of his son? What is the image of Gatsby that Meyer Wolfsheim communicates to Nick? Describe the funeral. Sum up and comment on Nick's final encounter with Jordan Baker and with Tom Buchanan. *Write an essay on: 1. A dream lost, Nick's return West 2. Nick's memories of a friendship.*

Lösungstipps: 2.2 / 2.3 / 2.4. / 2.7

Studies in structure, style and imagery

▶ *Analyze the narrative structure of the novel and its elements of drama.*

▶ *Analyze the meaning and function of the following elements:* the ocean (ch. 1, ch. 7 ch. 9 etc.), the city of New York / Long Island (ch. 1, ch. 3, ch. 4, ch. 7, ch. 8, ch. 9), the "Valley of the Ashes" (ch. 2, ch. 4, ch. 7, ch. 8), light and darkness in relation to the characters, the 'sound track' in the course of the novel.

▶ *Analyze the form, function and effect of characterization:*
   a) explicit characterization, projection, lies
   b) implicit characterization, revelation of self, dreams
   c) ambiguities

4. Rezeptionsgeschichte

1925	Veröffentlichung des Romans *The Great Gatsby* bei Scribner's in New York
1926	Bühnenadaption des Romans durch Owen Davis. Erfolgreiche Aufführungen am Broadway. In der Stummfilmversion von Herbert Brenon spielte James Rennie die Titelrolle.
1928	Erste deutsche Übersetzung von M. Lazar
1949	Schwarz-Weiß-Filmversion von Elliot Nugent mit Alan Ladd in der Titelrolle
1953	Zweite Übersetzung von Walter Schürenberg. Sie liegt auch der aktuellen Taschenbuchausgabe von 1974 zugrunde.
1974	Dritte Filmversion von Jack Clayton mit Robert Redford in der Titelrolle. Alle drei Filmversionen werden dafür kritisiert, dass sie dem Roman nicht gerecht werden.

Als der dritte Roman des jungen und damals schon berühmten Autors erschien, wurde er mit Anerkennung und Bewunderung aufgenommen.[45] Die Mehrzahl der Kritiker war sich darin einig, dass er etwas Besonderes an sich habe.[46] Der Dichter und Dramatiker T. S. Eliot, wenige Jahre älter als Fitzgerald und ebenfalls aus dem Mittleren Westen stammend, schrieb, er habe den Roman dreimal gelesen und betrachte ihn als den ersten wichtigen Fortschritt der amerika-

---

[45] In einem Brief an seinen Freund Edmund Wilson meinte er jedoch später, dass auch die enthusiastischsten Kritiker nicht verstanden hätten, worum es in dem Buch wirklich ginge.
[46] William Rose Benét, *An Admirable Novel*. In: The Saturday Review of Literature. 9. Mai 1925. S. 740 und James E. Miller jr., *The Great Gatsby*, S. 104.

nischen Prosa seit Henry James. Hemingway widmete dem bewunderten Landsmann in seinen Pariser Erinnerungen eine einfühlsame Würdigung.[47]

Fitzgerald war jedoch enttäuscht, dass der Roman längst nicht den erwarteten Verkaufserfolg hatte. A. Gingrich weist auf die Paradoxie hin, das Fitzgeralds Leben und Werk, von einem Nimbus umgeben, mit finanziellem Erfolg geradezu ausgeschlachtet worden ist, während der Autor zu seinen Lebzeiten ständig unter dem Druck finanzieller Probleme schrieb.[48] Doch die breite Anerkennung des Romans half Fitzgerald in einer depressiven Phase. Er erinnert Zelda in einem Brief an das schwierige Jahr 1924 und fährt dann fort:

> *„Dann gingen wir nach Paris, und plötzlich merkte ich, dass nicht alles umsonst gewesen war. Ich hatte Erfolg – zu jener Zeit den größten innerhalb meiner Zunft, jedermann bewunderte mich, und ich war stolz darauf, etwas Gutes geleistet zu haben."*[49]

Wiederentdeckung

In den Nachrufen zu seinem frühen Tod 1940 wurde an Fitzgerald als Vertreter einer nahezu vergessenen Epoche erinnert, dessen Werke ebenfalls fast in Vergessenheit geraten waren. Nicht zuletzt durch bedeutende Biografien erlebte Fitzgeralds Person und Werk eine Renaissance. Heute gehört *The Great Gatsby* neben Hawthornes *Scarlet Letter* und Mark Twains *Huckleberry Finn* zu den amerikanischen Literatur-Ikonen. Auch Europa entdeckte damals sein Erzählwerk. Besonders *Der große Gatsby* hatte hohe Auflagen, die 1974, in dem Jahr der jüngsten Ver-

---

47 Vgl. Kapitel 5, Materialien, S. 101 dieser Erläuterung.
48 Arnold Gingrich, Vorwort in F. S. Fitzgerald: *Pat Hobby Stories*. London: Penguin Books, 1962, S. 22.
49 Milford, S. 161.

filmung des Romans, einen Höhepunkt mit eineinhalb Millionen verkauften Exemplaren allein in den USA erreichten.

Der Roman hat sich längst als amerikanischer Klassiker und einer der wichtigsten Romane des 20. Jahrhunderts etabliert. Er wird mit verschiedenen Zuordnungen belegt: als Liebesroman, als Roman über eine Epoche und eine Gesellschaft, als Roman über den „amerikanischen Traum", als sprachliches Kunstwerk:

> *„Als Fitzgerald seinen Roman veröffentlichte, wurde er stark kritisiert als zu oberflächlich und zu geschwätzig. Heute aber zählt er zu den besten Romanen, die je in Amerika erschienen sind."*[50]
>
> *„Der Roman gilt als sein bestes Werk. Symbolhaltig und straff strukturiert, zeichnet er die hedonistische Welt der 20er Jahre in Amerika und fängt sowohl deren lebenshungrige Ausgelassenheit als auch deren unterschwellige Wehmut ein."*[51]
>
> *„F. Scott Fitzgerald hat mehr als irgendeiner seiner Generation seine Epoche verkörpert. Man hat behauptet, dass er diese Jazz- und Ginepoche selber erfunden hätte. Wenn er sie nicht erfunden hat, so hat er sie doch am genauesten interpretiert, war er ihr zuverlässigster Zeuge; er hat dieser Epoche das Vokabular gegeben und damit die Möglichkeit ihres Fortlebens."*[52]
>
> *„Fitzgerald sah das Leben immer als glänzende Fassade, obwohl er sie im ‚Großen Gatsby' durchstoßen und eine der bewegendsten amerikanischen Tragödien schreiben konnte. (...)*
>
> *Im ‚Großen Gatsby' kehrte Fitzgerald zu der ergiebigsten Quelle der amerikanischen Literatur zurück: zur Geschichte und*

---

50 Salman Rushdie im Interview. In: Der Spiegel, 25. 03. 02.

51 Harenbergs Lexikon der Weltliteratur. Dortmund, überarbeitete Studienausgabe 1994. S. 958.

52 Adré Bay in: John Brown, *Panorama der modernen Literatur: USA*. Gütersloh, S. 102.

ihren Verläufen und Widersprüchen zwischen Möglichkeit und Realität. (...)

‚Der große Gatsby' ist eine Erforschung des amerikanischen Traumes in einer korrupten Zeit. (...)

Fitzgerald erschafft eine Welt, die wie angehalten in einem bestimmten Moment in ihrer ganzen Vielfalt betrachtet und wie ein Objekt ästhetisch und moralisch geprüft wird."[53]

*„In seinem Roman **Der große Gatsby** wird die trügerische Freiheit von Jugend, Erfolg und Grenzenlosigkeit überdeutlich. Die Menschen scheitern, weil sie den Wahrheitskern der Liebe nicht mehr finden können."*[54]

John McCormick unterstreicht den Einfluss von Henry James auf Fitzgeralds Werk. Er nennt Fitzgerald einen Autor, „dessen geistiges Ausmaß bisher noch nicht voll erkannt wurde. (...) Fitzgeralds Thema ist das Geld: wie es Konventionen schafft, wie es eine Macht in der Gesellschaft darstellt, deren Traditionen zerfallen."[55]

Urteile über die Romanfiguren

Er nennt Nick einen Erzähler James'scher Prägung, der zwischen beiden Polen der Gesellschaft vermittelt.[56]

Gary J. Scrimgeour kritisiert den Erzähler, der trotz seiner moralischen Prinzipien Gatsby als nachahmenswertes Vorbild auch für sich selbst akzeptiere. „Sein Hauptprinzip ist es, nichts zu sagen."[57]

---

53 Zitate von Alfred Kazin, John McCormick, Marius Bewley, Michael Hillgate, zit. nach Pohlenz, Dagmar / Martin, Richard (Hg.), *F. Scott Fitzgerald, 'The Great Gatsby'*. Reihe: Texts for English and American Studies (14). Paderborn: Schöningh, 1994, S. 13 (Übersetzung der Verfasserin).

54 Ekkehart Baumgartner, *Die Abrechnung mit dem amerikanischen Traum.* Hamburger Abendblatt, 19. 09. 1996.

55 John O. McCormick, *Der moderne amerikanische Roman.* Göttingen: Vandenhoeck 1960, S. 51.

56 Ebd.

57 In: Ernest Lockridge (Hg.): *Twentieth Century interpretations of 'The Great Gatsby'.* Englewood Cliffs 1968, S. 74.

> *„Fitzgeralds Bemühen, auf die möglicherweise katastrophalen Folgen der Haltung der Jugend seiner Zeit hinzuweisen, führte ihn gleichzeitig zu einer vollkommen unakzeptablen Bewunderung für Gatsby."*[58]

Über Daisy und Tom schreibt Sergio Perosa:

> *„Daisy ist natürlich kein ‚flapper' mehr – oder sie ist es noch, aber mit viel mehr Fähigkeit zur Verletzung als ihre Vorgänger. Sie hat Sicherheit und Reichtum gewählt. In den vier Jahren mit Tom ist sie gleichgültig und bedenkenlos in ihrer Bosheit geworden. Gatsbys träumerische Anhänglichkeit hat bei ihr keine Chance."*[59]

Er erklärt Gatsbys Fall:

> *„Gesellschaftliche Gegensätze zwischen den Personen spielen eine zentrale Rolle im Roman. Daher ist klar, warum Gatsbys Niederlage, die von einem Zusammenhang innerer und äußerer Faktoren herbeigeführt wird, tragisch und nicht nur traurig ist. Zu viele Faktoren verbünden sich gegen ihn (...) und führen zu seinem Untergang. Er geht unter, weil er zu lange mit einem einzigen, unmöglichen Traum gelebt hat; er wird besiegt von den gesellschaftlichen Kräften, die gegen ihn sind, er wird niedergetreten von moralischer Verkommenheit und Bedenkenlosigkeit. Aber obwohl er seinem Schicksal nicht entgeht, wird eine mögliche ‚Erlösung' angedeutet, und ein Fünkchen Hoffnung bleibt am Schluss."*[60]

---

58 Frederick J. Hoffman, zit. nach Pohlenz, Dagmar / Martin, Richard (Hg.), *F. Scott Fitzgerald, 'The Great Gatsby'*. Reihe: Texts for English and American Studies (14). Paderborn: Schöningh, 1994, S. 13 (Übersetzung der Verfasserin).

59 S. Perosa, *The Art of F. Scott Fitzgerald*, Ann Arbor: Univ. of Michigan Press, 1965, S. 68 (Übers. Verf.).

60 Perosa, S. 70.

Lionel Trilling, einer der Wiederentdecker und Interpret Fitzgeralds, schrieb 25 Jahre nach Erscheinen des Romans:

> *„Nach einem Vierteljahrhundert ist ‚Der große Gatsby' so neu wie bei seinem Erscheinen. Er hat an Bedeutung gewonnen, was von wenigen amerikanischen Büchern jener Epoche gesagt werden kann. (...) Gatsby, der zwischen Macht und Traum gespalten ist, steht unweigerlich für Amerika selbst. Wir sind die einzige Nation, die stolz auf ihren Traum ist und ihn mit ihrem Namen verbindet. Es ist offensichtlich Fitzgeralds Absicht, dass wir uns mit unserer Konzeption von Amerika als einem platonischen Ideal auseinander setzen. Die Welt versteht nicht, wie Amerika, wie Gatsby, bei so viel aggressiver Macht von so romantischen Visionen besessen sein kann."*[61]

---

61 Lionel Trilling, *F. Scott Fitzgerald*, in: The liberal imagination. New York Viking 1950, S. 252.

5. Materialien

Exuberance – A Passion for the New

"In the jazz age, America discovered its cultural voice.

It is no exaggeration to say that the 1920s formed modern America in ways so vast and far-reaching that we take them for granted today – particularly in the field of culture but no less in America's consciousness of itself as a society and of the place it might have in the world. World War I had destroyed the Old Order in Europe and made a superpower of democratic, industrial America. (...) The biggest change was the rise of American popular culture: not only jazz and its innumerable variants but also what happened onstage across the airwaves and on the movie screen. (...) The 20s saw the rise of the Hollywood studio system, which had grown from its humble origin among (mostly Jewish) nickelodeon proprietors into the most powerful industry for the invention and spread of dreams in human history. (...) Americans discovered their insatiable hunger for the electronic, which would create huge communal audiences. (...) It was in the 20s that America's cultural fantasies started to become, for good or ill, the world's."[62]

The Decline of the Protestant Ethic

"Let us go back a moment to the turn of the century. If we pick up the Protestant Ethic as it was then expressed we will find it apparently in full flower. We will also find, however, an ethic that already had been strained by reality. The country had changed. The ethic had not.

Here, in the words of banker Henry Clews as he gave some fatherly advice to Yale students in 1908, is the Protestant Ethic in purest form:

---

62 Robert Hughes, 1923–1929. TIME, Anniversary issue, 9-3-1998.

Survival of the Fittest: You may start in business, or the pro-
fessions, with your feet on the bottom rung of the ladder; it rests
with you to acquire the strength to climb to the top. You can do
so if you have the will and the force to back you.

Thrift: Form the habit as soon as you become a money earner, or
money-maker, of saving a part of your salary, or profits. Put
away one dollar out of every ten you earn.

Note the use of such active words as **climb, force, compel,
control**. As stringently as ever before, the Protestant Ethic still
counseled struggle against one's environment.

It was an exuberantly optimistic ethic. If everyone could believe
that seeking his self-interest automatically improves the lot of all,
then the application of hard work should eventually produce a
heaven on earth.

Without this ethic capitalism would have been impossible, and
without this ideology, society would have been hostile to the entre-
preneur. Without the comfort of the Protestant Ethic, he couldn't
have gotten away with his acquisitions – not merely because other
people wouldn't have allowed him, but because his own conscience
would not have. But the very industrial revolution which this high-
ly serviceable ethic begot in time began to confound it.

One of the key assumptions of the Protestant Ethic had been that
success was due neither to luck nor to the environment but only to
one's natural qualities – if men grew rich it was because they
deserved to. But the big organization became a standing taunt to
this dream of individual success. By the time of the First World
War the Protestant Ethic had taken a shellacking from which it
would not recover."[63]

---

63 Adapted extract from *The Organization Man*, by William Whyte, in: *Past and Future*.
Langenscheidt-Longman 1983, S. 212 f.

America in the 1920s

"As immigration slowed to a mere trickle, a small but significant movement of Americans to Europe was taking place. The émigrés were writers and intellectuals; dissatisfied with the United States as a home for art and thought, they emigrated chiefly to Paris.

American culture in the eyes of critics at home and abroad was both materialistic and puritanical. Symbolizing the Puritanism of the period was the prohibition of the manufacture and sale of alcoholic beverages. After almost a century of agitation, the Eighteenth Amendment to the Constitution had finally imposed this prohibition in 1919. Prohibition was intended to eliminate the saloon and the drunkard from America; instead, it created thousands of illicit drinking places and opened a profitable career to bootleggers. Widely violated, prohibition was morally hypocritical and, to many Americans, comparable to the widespread political corruption of the Harding era.

Relentless criticism became the dominant note in American literature. (...) It is ironic that these criticisms of America by Americans were made when the nation was experiencing a high point of general well being.

During the 1920s it seemed as if prosperity would go on forever; even after the stock market crash in the fall of 1929, optimistic predictions continued to come from high places. But the depression deepened, millions of investors lost their life savings, business houses closed their doors, factories shut down, banks failed, and millions of unemployed walked the streets in a hopeless search for work. In American national life there had been nothing, except the long-forgotten depression of the 1870s, to compare with it." [64]

---

64 Olson, *An Outline of American History*. United States Information Agency 1986, S. 128 ff.

Business in American Society

"Americans have what might be called a love-hate relationship with business. People tend to admire the drive and ingenuity of business people and the material benefits of their endeavors. However, some people harbor an image of the businessperson as a greedy manipulator who will stop at nothing in the never-ending pursuit of profit. (...)

On the other hand, works that cast business people as heroes have also been produced. The 19th-century author Horatio Alger wrote a series of popular books for boys that played endless variations on a 'rags-to-riches' theme. Alger's heroes were young men who gained success in business by virtue of hard work and frugal living. Those same virtues are widely hailed as a path to success today." [65]

The Fuller-Mac Gee Case

"Of all Fitzgerald's Long Island neighbors, the one whose outlines are most clearly discernible in 'The Great Gatsby' was Edward M. Fuller. A thirty-nine year old bachelor and man about town, Fuller was president of the New York brokerage firm E. M. Fuller & Co. (...) Of obscure origins, he had emerged suddenly on Wall Street in 1916 as a member of the Consolidated Stock Exchange and the head of his own company. Before long, he was being mentioned in the newspapers as one of a fashionable set. (...) Fuller, an aviation enthusiast, was one of the first Long Island residents to commute weekly by airplane from his Great Neck estate to Atlantic City while the horseracing season was on. On June 22, 1922, however, E. M. Fuller and Co. declared itself bankrupt, with some six million dollars in debts and assets of less than seventy thousand dollars. Fuller and his vice-president Mc-Gee were promptly indicted on a twelve count charge that included

---

65 From: Lunger, *Business and Industry.* The United States Information Agency 1986, Einzelblatt-Textsammlung ohne Seitenangaben.

operating a 'bucket shop' – i. a. illegally gambling with their customers' funds."[66]

Play-Boy

"The other evening at a dancing club a young man in a gray suit, soft shirt, loosely tied scarf shook his tousled yellow hair engagingly, introduced me to the beautiful lady with whom he was dancing and sat down. They were Mr. and Mrs. F. Scott Fitzgerald, and Scott seems to have changed not one whit from the first time I met him at Princeton, when he was an eager undergraduate bent upon becoming a great author. He is still eager. He is still bent upon becoming a great author. He is at work now on a novel, which his wife assures me is far better than either 'This Side of Paradise' or 'The Beautiful and Damned'. That 'The Vegetable', his play, did not receive a Manhattan presentation seems to have disappointed rather than discouraged him. He is still eminently light-hearted, charmingly outrageous – the complete playboy."[67]

"The woman – or rather the girl – in a Fitzgerald story is younger and richer than the man and the author makes it even clear that she represents her social class. (...) Note that the man is not attracted by the fortune in itself. He is not seeking money so much as position at the peak of the social hierarchy and the girl becomes the symbol of that position, the incarnation of its mysterious power. That is Daisy Buchanan's charm for the great Gatsby, and it is the reason why he directs his whole life toward winning her love.
In Fitzgerald's stories a love affair is like secret negotiations between the diplomats of two countries, which are not at peace and not quite at war. For a moment, they forget their hostility,

---

66 Henry Dan Piper, *F. Scott Fitzgerald: A Critical Portrait*. New York 1970, S. 115–119.
67 John Farrar in: TIME, 28-1-1924. Nachgedruckt in TIME, Anniversary issue, 9–3–1998.

find it transformed into mutual curiosity, attraction, even passion (though the passion is not physical); but the hostility will survive even in marriage, if marriage is to be their future."[68]

Hemingway remembers Fitzgerald

"To hear him talk of it (= 'The Great Gatsby') you would never know how very good it was, except that he had the shyness about it that all non-conceited writers have when they have done something very fine (...) and he was both shy and happy about the book's quality. (...) When I had finished the book I knew that no matter what Scott did, nor how he behaved I must know it was like a sickness and be of any help I could to him and try to be a good friend. He had many good good friends, more than anyone I knew. But I enlisted as one more, whether I could be of any use to him or not. If he could write a book as fine as 'The Great Gatsby' I was sure that he could write an even better one. I did not know Zelda yet." [69]

"Zelda was jealous of Scott's work and as we got to know them, this fell into a regular pattern. Scott would resolve not to go on all-night drinking parties and to get some exercise each day and work regularly. He would start to work and as soon as he was working well Zelda would begin complaining about how bored she was, and get him off on another drunken party. They would quarrel and then make up and he would sweat out the alcohol on long walks with me, and make up his mind that this time he would really work, and would start off well. Then it would start all over again."[70]

---

68 Malcolm Cowley, zit. nach Pohlenz, Dagmar / Martin, Richard (Hg.), *F. Scott Fitzgerald, 'The Great Gatsby'*. Reihe: Texts for English and American Studies (14). Paderborn: Schöningh, 1994, S. 217.

69 Hemingway, *A Moveable Feast*. Penguin Books 1973, S. 111/112.

70 Hemingway, *A Moveable Feast*. Penguin Books 1973, S. 132.

Literatur

1. Ausgaben

F. **Scott Fitzgerald,** *The Great Gatsby*. Herausgegeben von Susanne Lenz. Stuttgart: Reclam, revidierte Neuausgabe 1995, UB Nr. 9242.
(Nach dieser Ausgabe wird zitiert. Sie bietet zusätzlich begleitende Worterklärungen, eine Bibliografie, eine Kurzbiografie und knappe Interpretation.)

F. **Scott Fitzgerald,** *The Great Gatsby*. Hrsg. von Rudolph Rau. Stuttgart: Klett Schulbuchverlag, 1994.

F. **Scott Fitzgerald,** *The Great Gatsby*. Reihe: Texts for English and American Studies (14), ed. Dagmar Pohlenz und Richard Martin. Paderborn: Schöningh, 1994.

F. **Scott Fitzgerald,** *Der große Gatsby*. Aus dem Amerikanischen von Walter Schürenberg. Zürich: Diogenes, 1974.

F. **Scott Fitzgerald,** *This Side of Paradise*. London, Penguin Books, repr. 1965.

F. **Scott Fitzgerald,** *The Diamond as Big as the Ritz and other stories*. London: Penguin modern classics, 1962.

F. **Scott Fitzgerald,** *Flippers and Philosophers*. New York: Scribner, 1959.

F. **Scott Fitzgerald,** *The Beautiful and Damned*. New York: Scribner, 1972.

F. **Scott Fitzgerald,** *The Stories of F. Scott Fitzgerald*. A Selection of Stories, ed. Cowley, M. New York: Scribner, 1951.

F. **Scott Fitzgerald,** *Tender is the Night*. London: Penguin modern classics, 1964.

F. **Scott Fitzgerald,** *The Pat Hobby Stories*. London: Penguin Books, 1970.

F. Scott Fitzgerald, *The Last Tycoon. An unfinished novel.* New York: Scribner, 1970.

F. Scott Fitzgerald, *The Crack-up. With other collected pieces, notebooks and unpublished letters,* ed. Wilson, E. New York: James Laughlin, 1945.

F. Scott Fitzgerald, *The Letters of Scott Fitzgerald,* ed. Turnbull, A. New York: Scribner, 1963.

F. Scott Fitzgerald, *The Notebooks of F. Scott Fitzgerald,* ed. Bruccoli, M., Duggan, M. New York: Random House, 1980.

2. Lernhilfen

Abbott, Anthony (Hg.), *F. Scott Fitzgerald – The Great Gatsby.* Klett Lektürehilfen. Stuttgart: Klett, 1990.
(Die englischsprachige kompakte Darstellung bietet eine Charakterisierung des Autors, der Epoche und der inhaltlichen und sprachlichen Aspekte des Romans.)

Kirchner, Kühnel, Raykowski (Hg.), *The American Dream. Myth and Reality.* Reihe: Modelle für den neusprachlichen Unterricht. Frankfurt a. M.: Diesterweg, 1982.
(Die annotierten Texte beziehen sich vornehmlich auf die letzten 40 Jahre, ergänzt durch Aufgaben und Schreibimpulse.)

Pohlenz, Dagmar / Martin, Richard (Hg.), *F. Scott Fitzgerald, 'The Great Gatsby'.* Reihe: Texts for English and American Studies (14). Paderborn: Schöningh, 1994.
(Das Textbuch bietet zusätzlich eine biografische Notiz und begleitende Worterklärungen. Das ausführliche englischsprachige Teacher's Book gibt eine detaillierte Darstellung der Epoche, Kapitelinterpretationen mit Aufgaben, Motivanalysen und einen Überblick über die Kritik.)

Rau, Rudolph (Hg.), *F. Scott Fitzgerald, ‚The Great Gatsby'.* Stuttgart: Klett Schulbuchverlag, 1994.

(Die Ausgabe bietet zusätzlich begleitende Worterklärungen, eine Kurzbiografie, historische Chronologie und Begleitmaterial zu den 20er Jahren und Themen des Romans. Kapitelinterpretationen mit Aufgaben, Motivanalysen und einen Überblick über die Kritik.)

Tracy, B. / Helm, E. (Hg.), *American Dreams – American Nightmares*. Paderborn: Schöningh, 1981.
(Eine umfassende Textsammlung mit vielen Erläuterungen.)

3. Sekundärliteratur

Allié, Manfred / Nagler, Jörg (Hg.), *Die Klassiker der amerikanischen Literatur*. Hermes Handlexikon. Düsseldorf: Econ, 1979.

Boorstin, Daniel, *The Image*. Harmondsworth, Middlesex: Pelican Books, 1963.

Brauneck, Manfred (Hg.), *Weltliteratur des 20. Jh., Autorenlexikon*. Berlin: Rowohlt, 1981.

Brown, John, *Panorama der modernen Literatur: USA*. Gütersloh: Gallimard, 1964.

Bryer, Jackson, *The Critical reputation of F. Scott Fitzgerald: A Bibliographical Study*. Hamden, Conn.: Archon, 1967.

Bruccoli, Matthew, *F. Scott Fitzgerald*. Pittsburgh: University Press, 1972.

Cooke, Alistair, *Geschichte Amerikas*. Düsseldorf: Pawlak Verlag, 1975.

Cahen, J. F., *Die amerikanische Literatur*. Enzyklopädie des 20. Jh. Bd. 5. Hamburg: Hoeppner, 1960.

Cunliffe, Marcus, *The Literature of the United States*. Harmondsworth, Middlesex: Pelican Books, 1961.

Haas, Rudolf, *Amerikanische Literaturgeschichte* (2). Heidelberg: Quelle und Meyer, UTB 1974.

Hemingway, Ernest, *A Moveable Feast*. London: Penguin Books, 1973.

Ickstadt, Heinz, *Der amerikanische Roman im 20. Jahrhundert. Transformation des Mimetischen*. Darmstadt: Wissenschaftliche Buchgemeinschaft, 1998.
(Interessante neue Analyse und Würdigung.)

Kayser, Wolfgang, *Entstehung und Krise des modernen Romans*. Stuttgart: Kröner, 1963.

Klimek, Theodor, *Fitzgerald – The Great Gatsby*, in: Lang, H. J. (Hg.), Der amerikanische Roman. Düsseldorf: Bagel, 1972.

Kruse, Horst, *Schlüsselmotive der amerikanischen Literatur*. Studienreihe Englisch Bd. 41. Düsseldorf: August Babel, 1979.

Lennartz, Franz, *Ausländische Dichter und Schriftsteller unserer Zeit*. Stuttgart: Kröner, 1955.

Lewis, Sinclair, *Babbitt*. New York: Signet classic, 1980.

Link, Franz H., *Stilanalysen amerikanischer Erzählkunst*. Frankfurt a. M./Bonn: Athenäum, 1970. S. 150–160.

Lockridge, Ernest (Hg): *Twentieth Century interpretations of The Great Gatsby*. Englewood Cliffs, N. Y.: Prentice Hall, 1968.

McCormick, John O., *Der moderne amerikanische Roman*. Göttingen: Vandenhoeck, 1960.

Milford, Nancy, *Zelda*. München: dtv, 1980.

Miller, Arthur, *Timebends*. London: Methuen paperback, 1987.

Miller, James E. jr., *F. Scott Fitzgerald – The Great Gatsby*. In: Amerikanische Literatur des 20. Jahrhunderts. Interpretationen. Herausgegeben von Gerhard Hoffmann. Frankfurt a. M.: Fischer Taschenbuch, 1972. S. 104–124.

Mizener, Arthur, *The Far Side of Paradise*. Boston: Houghton Mifflin, 1951.

Olson, K. W., *An Outline of American History*. United States Information Agency, o. J.

Perosa, Sergio, *The Art of F. Scott Fitzgerald*. Ann Arbor: Univ. of Michigan Press, 1965.

Piper, Henry D., *F. Scott Fitzgerald: A Critical Portrait*. New York: Scribner, 1970.

Stanzel, Franz K., *Typische Formen des Romans*. Göttingen: Vandenhoeck, 1967.

Stromberg, Kyra, *Zelda und F. Scott Fitzgerald*. Berlin: Rowohlt, 1997.

Trilling, Lionel, *F. Scott Fitzgerald*, in: The liberal imagination. New York: Viking, 1950.

Turnbull, Andrew, *Scott Fitzgerald, a biography*. New York: Scribner, 1962 / Übers.: *Scott Fitzgerald. Das Genie der wilden zwanziger Jahre*. München: Heyne Tb., 1986.

Turnbull, Andrew, *The Letters of Scott Fitzgerald*. New York: Scribner, 1963.

Wilpert, Gero von (Hg.), *Lexikon der Weltliteratur, Bd. II*. Stuttgart: Kröner, 1968.

Whyte, William, *The Organization Man*, in: Past and Future. München: Langenscheidt-Longman, 1983.

4. Zeitungsartikel

Baumgartner, Ekkehart, „Die Abrechnung mit dem amerikanischen Traum". Hamburger Abendblatt, 10. 09. 1996. Interview mit **Salman Rushdie** „Der Anti-Terror-Krieg musste sein", in: Der SPIEGEL, 25. 03. 2002.

Hughes, Robert, Farrer, John, *1923-1929*. TIME, Anniversary issue, 9-3-1998.

Verfilmungen

1926 In der Stummfilmversion von Herbert Brenon spielte James Rennie die Titelrolle.

1949 Schwarz-Weiß-Filmversion von Elliot Nugent mit Alan Ladd in der Titelrolle.

1974 Dritte Filmversion von Jack Clayton mit Robert Redford in der Titelrolle.

Wie interpretiere ich ...?

Alles zum Thema Interpretation,
abgestimmt auf die individuellen Anforderungen

❦ Basiswissen
(Einführung und Theorie)
- grundlegende Sachinformationen zur Interpretation und Analyse
- Grundlagen zur Erstellung von Interpretationen
- Fragenkatalog mit ausgewählten Beispielen
- Analyseraster

❦ Anleitungen
(konkrete Anleitung - Schritt für Schritt,
mit Beispielen und Übungsmöglichkeiten)
- Bausteine einer Gedichtinterpretation
- Musterbeispiele
- Selbsterarbeitung anhand praxisorientierter Beispiele

❦ Übungen mit Lösungen
(prüfungsnahe Aufgaben zum Üben und Vertiefen)
- konkrete, für Klausur und Abitur typische Fragen und Aufgaben-
  stellungen zu unterrichts- und lehrplanbezogenen Texten mit Lsg.
- epochenbezogenes Kompendium

Bernd Matzkowski
Wie interpretiere ich Lyrik?
Basiswissen Sek. I/II (AHS)
112 Seiten, mit Texten
Best-Nr. 1448-8

Thomas Brand
Wie interpretiere ich Lyrik?
Anleitung Sek I/II (AHS)
205 Seiten, mit Texten
Best-Nr. 1512-6

Thomas Möbius
Wie interpretiere ich Lyrik?
Übungen mit Lösungen, Band 1
Mittelalter bis Romantik
Sek. I/II (AHS),
158 S., mit Texten
Best-Nr. 1513-3

Thomas Möbius
Wie interpretiere ich Lyrik?
Übungen mit Lösungen, Band 2
Realismus bis Postmoderne
Sek. I/II (AHS),
149 S., mit Texten
Best.-Nr. 1461-7

Bernd Matzkowski
Wie interpretiere ich?
Sek. I/II (AHS)
114 Seiten
Best.-Nr. 1535-5

Bernd Matzkowski
**Wie interpretiere ich
Novellen und Romane?**
Basiswissen Sek. I/II (AHS)
74 Seiten
Best-Nr. 1495-2

Thomas Brand
**Wie interpretiere ich
Novellen und Romane?**
Anleitung Sek. I/II (AHS)
160 Seiten, mit Texten
Best.-Nr. 1471-6

Thomas Möbius
Wie interpretiere ich ein Drama?
Anleitung
204 Seiten, mit Texten
Best-Nr. 1466-2

Thomas Möbius
Wie interpretiere ich ein Drama?
Übungen mit Lösungen
206 Seiten, mit Texten
Best-Nr. 1467-9

Bernd Matzkowski
**Wie interpretiere ich Fabeln, Parabeln
und Kurzgeschichten?**
Basiswissen 10.–13. Sj.,
96 Seiten, mit Texten
Best-Nr. 1519-5

Thomas Möbius
**Wie interpretiere ich Fabeln, Parabeln
und Kurzgeschichten?**
Anleitung, 10.-13. Sj.
128 Seiten, mit Texten
Best-Nr. 1517-1

Thomas Möbius
**Wie interpretiere ich Fabeln, Parabeln
und Kurzgeschichten?**
Übungen mit Lösungen, 10.-13. Sj.
ca. 200 Seiten, mit Texten
Best-Nr. 1518-8

Bange
...leichter lernen!